AF450389

PLANTES PURGATIVES D'USAGE,

TIRÉES DU JARDIN DU ROI,

ET DE CELUI DE MM. LES APOTHICAIRES

DE PARIS;

Représentées avec leur couleur naturelle, & imprimées selon le nouvel Art;

AVEC LEURS VERTUS ET LEURS QUALITÉS:

Auxquelles on joint , à la dissection de leur Fleur & de leur Fruit , le Species Plantarum Linnei , pour connoître les variétés de leur genre, les synonimes & le lieu de leur naissance.

Dédiées à M. LIEUTAUD, Premier Médecin du Roi.

Par M. G. D'AGOTY, Père,

Anatomiste & Botaniste , Pensionné de Sa Majesté.

PREMIER CAHIER.

Multa manu medico phœbique patentibus herbis. VIRG.

A PARIS;

Chez {
L'AUTEUR, rue S. Honoré, vis-à-vis les Peres de l'Oratoire.
VALLEYRE l'aîné, Imprimeur-Libraire, rue de la vieille Bouclerie, à l'Arbre de Jessé.

M. DCC. LXXVI.

AVEC APPROBATION ET PRIVILÉGE DU ROI.

AVIS.

Les Principes de Botanique font néceffaires pour l'étude de cette Science ; on les a retranchés de la préfente Collection , parce que l'on fuppofe que la plûpart des Lecteurs en font inftruits : mais comme les Etudians & quelques Amateurs voudroient les joindre avec les Plantes d'ufage en général, que l'Auteur fe propofe de donner, divifées comme l'on voit par leurs vertus , il y a actuellement fous preffe un Traité de ces Principes très-détaillés , avec des Tables intéreffantes du même Auteur, & un détail du Syftême de Linneus. On joindra à ce Traité , des Planches qui repréfenteront les couleurs & les formes de toutes les parties de la fructification, c'eft-à-dire , celles des Petales , des Etamines & des Piftiles de toutes les Fleurs, & le caractère des diverfes feuilles & des racines.

BOTANISTES OMIS DANS LA TABLE DES AUTEURS.

Brown. Hift. nat. Jamaïcæ. London. 1756. fol.

Gronovius. Flora Virginica , Leydæ , 1739. oct. vol. 2. Flora Orientalis, Leydæ 1757. oct.

Jaqun. Flora Vindelic. Wien. 1762. oct,

Levinus , Lemnius, de Plantis facris, Lugduni , 1595. in-8.

Lonicerus: in herbarium eucharii Roffin , &c. Francofurti , 1582.

Loefting. Iter hifpanicum. Holmiæ. 1758. Oct.

Materia Medica , Linnei. Holmiæ. 1749. Oct.

Merian. Hift. des Infectes & des Plantes de Suri-nam. A Paris 1771.

Voikamer. Flora norib. Norimbergæ. 1700. in-4.

ERRATA DU PREMIER CAHIER.

Page V. colonne 2. Hifpariæ ; lifez Hifpaniæ. Idem. Fernarii ; lifez Ferrarius.
Page VI. 2. col Hil. lifez Hill. Idem, imper ; lifez imperatus.
Page VIII. 1. col. Phik almageftum, &c. in-4. lifez in-fol.
Page IX. 1. col. Scal. de caufa ; lifez de caufis. Idem. 2. col. trag. Kybtrum ; lifez Kyberum. Vaill. ajoutez Botan. Parifiens. Paris 1747. in-12.
Page XVIII. Bryonia (arbris) ; lifez Plante ou (herbe).
Page XIX. col. 1. Buplevrum uftringente ; lifez aftringente. Idem. 2e. col. Butomus apire ; lifez apéritive.
Page XX. 1. col. cafo ; lifez cafe. Idem. calceolis ; lifez calceolus.
Page XXI. 2e. col. cariophilata ; lifez caryophilata.

A MONSIEUR LIEUTAUD,

CONSEILLER D'ÉTAT,

PREMIER MÉDECIN DU ROI.

MONSIEUR,

J'AI eu votre approbation sur la Névrologie du Corps Humain, qui accompagne mon Traité des Organes des Sens, & celle des diverses Figures de cet Ouvrage qui concernent la Vue, l'Ouie, l'Odorat & le Goût. Votre amour pour tout ce qui a rapport à la santé, vous oblige, MONSIEUR, d'accepter la Dédicace de ma Collection de Plantes purgatives dans le même genre de Gravure ; cet amour est connu de toutes les Personnes qui ont eu le bonheur de recevoir vos Conseils, & entiere-

ment caractérisé par le choix judicieux de notre AUGUSTE MONARQUE,
ainsi que par les lumières répandues dans vos Oeuvres de Médecine :
c'est aussi ce qui m'encourage à vous offrir les efforts que je fais aujour-
d'hui, & que j'ai faits depuis long-temps, pour me rendre utile dans les
Sciences que vous possédez à un dégré si éminent ; & je suis en même-
tems heureux de pouvoir dire ici que j'ai l'honneur d'être avec respect,

MONSIEUR,

Votre très-humble & très-
obéissant Serviteur,
G. D'AGOTY, Pere.

PRÉFACE.

ON avoit commencé en 1768 de donner les Plantes imprimées selon le nouvel Art, dont M. Dagoty & ses fils sont seuls possesseurs. Mais cette entreprise fut interrompue par des saisies du Corps des Imprimeurs en Taille-douce. L'impression de ce nouveau genre demande que la presse soit dans les mains des Graveurs ; on ne peut sans cela rien produire de bien fini : les couleurs divisées sur quatre cuivres pour le même sujet, veulent des soins & une pratique différente de celle des impressions en noir.

La cessation forcée de l'entreprise dont il s'agit, avoit autorisé le cours des Plantes enluminées, & encouragé quelques Auteurs à les entreprendre. M. Renaud en a donné une suite, imprimées en noir, sur lesquelles il faisoit appliquer des couleurs en détrempe ; mais cette maniere est coûteuse ; les couleurs que l'on a employées sont dures, & n'ont point été mises avec autant de soin que celles du *Plantæ Selectæ* & du *Phytantoza Iconographia* : les Amateurs & les Étudians se sont bientôt apperçu de ce défaut ; le prix même les en a plusieurs fois éloignés.

L'on connoîtra encore mieux la nécessité de donner les Plantes imprimées avec leur couleur, c'est-à-dire de les faire sortir de la presse toutes finies, plutôt que de les peindre après coup, 1°. *par la dépense* : celles que l'on vient de citer & toutes celles que l'on enlumine, sont extrêmement coûteuses : 2°. *par la vérité des couleurs* ; les Plantes mal enluminées sont sans goût, parce que ce ne sont pas des Peintres à Paris qui nuancent & colorent comme en Allemagne les fruits, les fleurs & les Plantes de Botanique ; mais des jeunes filles ou des garçons à la journée, qui y mettent beaucoup de tems : les Plantes gravées avec leurs couleurs, au contraire, sont gravées par des Artistes qui ménagent les tons de couleur & marient les teintes avec tous les effets de la Nature. Il est nécessaire de faire sentir ceci au Public, parce qu'il se trouve quelquefois des Amateurs, qu'au moyen du verd d'iris & du rouge de carmin, ils se contentent du coloris qui les éblouit, sans s'arrêter au vrai caractère de la plante.

M. Dagoty a perfectionné la gravure & l'impression des Plantes depuis 1768. Elles sont actuellement avec des fonds clairs, ce qu'on ne pouvoit pas faire alors ; & malgré le travail & la variété des nuances pour imiter le Tableau, les couleurs ont tout l'éclat nécessaire dans les endroits convenables, sans sentir l'enluminure. D'ailleurs les Plantes sans ordre, comme avoit commencé de faire l'Auteur, & comme a toujours fait M. Renaud,

& comme sont celles de presque tous ceux qui ont donné des Planches, dégoûtent les Amateurs & sur-tout les Étudians.

M. Dagoty a parfaitement ressenti la nécessité de donner un ordre à sa Collection. Celui de leur vertu lui a paru le plus convenable, parce qu'il s'agit de l'usage des plantes, qui est le vrai but de la Botanique : car il est indifférent de connoître le nombre des pistiles & des étamines des fleurs d'une plante ou de ses pétales. Mais il est bien nécessaire de connoître ses vertus & ses divers effets ; & si on se prête à l'étude des parties de la fleur & du fruit, & à décrire la forme & la substance des racines & des feuilles dans les plantes d'usage, ce n'est que pour les mieux reconnoître pendant les diverses saisons : c'est pourquoi l'Auteur compte, dans ses Tables, les étamines avec M. Wan-Linné, & les petales des fleurs avec M. Tournefort, pour instruire & satisfaire les Amateurs sans détruire l'ordre de leurs vertus qu'il se propose toujours de suivre : c'est-à-dire qu'en donnant, par exemple, les *Plantes purgatives*, comme il fait dans la présente Collection, il joindra à chaque Plante l'Histoire naturelle qui la concerne, la description du genre dont cette Plante est tirée, & celle de toutes les espèces de ce genre, avec leurs synonimes, & l'endroit & le lieu de leur naissance. Il y ajoutera la dissection qu'il a faite lui-même de toute la Plante, pour la reconnoître en toute saison, comme nous venons de dire, & ses vertus & qualités d'après les Auteurs les plus suivis ; de sorte que l'Histoire Naturelle des Plantes purgatives sera complette, & la Collection composée de huit Cahiers qui contiendront soixante & quatre Planches, dans lesquelles il y aura les Plantes suivantes représentées avec leur fleur & leur fruit.

PLANTES Purgatives Indigenes.

Le Cartame ou Saffran bâtard, *Cnicus*.
Le Prunier, *prunus fructu parvo*.
Le Prunellier, *prunus silvestris*.
Le Neprun, *Rhamnus Catharticus*.
Le Pécher, *Malus persica*.
Les Roses pâles, *Rosa rubra pallidor*
Les Roses Muscates, *Rosa Muschata*.
L'Iris de Florence, *Iris alba Floren*.
Le Glaieul, *Iris vulgaris*.
La Bryonne, ou Couluvrée, *Bryonia*.
La Soldanelle, *Soldanela maritima*.
Le Sureau, *Sambucus*.
L'Yèble, *Sambucus humilis*.
L'Aulne noir, *Frangula*.
Le Lin Sauvage, *Linnum pratense*.
Le Titimale, *Tithymalus*.

L'Agarie, *Fungus laricis*.
Le Concombre Sauvage, *Cucumis Silvestris*.
La Gratiole, ou *Herbe au pauvre Homme*, *Gratiola*.
Le Cabaret, *Asarum*.
Le Pain de Pourceau, *Cyclamen*.
L'Ellebore noir, *Helleborus niger*.
L'Ellébore blanc, *Helleborus albus*.
L'Aureole, *Aureola*.
Le Garou, *Tymelæa*.
Le grand Lizeron, *Convolvulus majors*.

PLANTES Purgatives Exotiques, ou Etrangeres.

La Casse, *Cassia Fistula*.
Le Tamarins, *Tamarindi*.
Le Sené, *Senna*.
La Manne ; elle coule du *Larix ou Meleze*.

L'Aloës, *Aloes vulgaris.*
La Rhubarbe, *Rhabarbarum.*
La Rhubarbe des Moines, *Rhaponticum.*
Le Myrabolans, *Myrabolani.*
La Scamonée, *Scamonia.*
Le Jalap, & belle-de-nuit, *Jalapa.*
Le Mechoacan, *Mechoacana.*
L'Hermodacte, *Hermodactylus.*
Le Turbith, *Turpethum.*
Le Thapsic, ou faux Turbith, *Tapsia.*
L'Ipecacuana, *Ipecacuana.*
Le Simaroube, *Simarouba.*
La Coloquinte, *Colocynthis.*
Le Richin, *Palma Christi.*

PLANTES *Purgatives & qui ont d'autres vertus.*

Le Violier, *Viola.*
La Mercuriale, *Mercurialis.*

Le Fumeterre, *Fumaria.*
Le Polipode, *Polypodium.*
Le Sceau de Salomon, *Polygonatum.*
Le Raifort, *Raphanus.*
La Triquedame, *Sedum minus.*
Le Lierre, *Hedera.*
Le Tabac, *Nicotiana.*
L'Herbe aux Poux, *Staphisagria.*
Le petit Cuscute, *Epithymum.*
Le Ginefte, *Genifta.*
Le Pied-de-Veau, *Arum.*
La Serpentaire, *Dracunculus.*
L'Eupatoire, *Eupatorium.*
La Digitale, *Digitalis.*
La Morelle, douce-amere, *Dulcamara.*
La Betoine, *Betonica.*
Le Sebefte, *Mixa.*
L'Euphorbe, *Euphorbium*, &c. &c.

On ne donnera pas les Plantes dans le même ordre que l'on vient de voir ; mais on les gravera selon qu'elles se présenteront, & feront renfermées dans la Collection pour être rangées comme l'on jugera à propos ; ce qui ne change rien à l'ordre des qualités & des vertus, que l'on veut suivre.

L'on croit donner ici un Ouvrage intéressant & complet. Les Plantes purgatives qui composent cette Collection sont les plus nécessaires ; & moyennant la connoissance de leurs vertus, au défaut des Plantes étrangeres dans les endroits éloignés des Villes, on peut avoir recours à celles qui croissent dans les campagnes & qui ont les mêmes effets : on pourra les comparer & bien souvent les préférer à celles qui sont mises en usage dans les Pharmacies, par la raison qu'elles sont plus rares & plus cheres. Il y a des maladies qui demandent des remedes du pays, & d'autres où il faut des Plantes étrangeres. Il est certain que les maux vénériens qui nous viennent de l'Amérique, demandent des Salfe-pareilles & des Saffaphras, quoiqu'il y ait aussi des anti-vénériens en Europe, &c. Les indigestions, les plénitudes, peuvent être guéries chez nous avec la Sauge & la Mercuriale, & de même de toute autre maladie : la petite Centaurée, par exemple, vaut bien le Quinquina. L'étude & la pratique démontrent tous ces effets. Dans les Plantes purgatives, le Rapontic & le Neprun tiennent lieu de la Rhubarbe : le Baguenaudier & la Belle-de-nuit de nos jardins, valent bien le Sené & le Jalap étrangers. Le Frangula dans les vomitifs, sert au lieu de l'Ipécacuana. Par-tout il y a des maladies, & par-tout on trouve des Plantes pour les guérir ;

mais il faut les connoître. C'est pourquoi les Botanistes s'efforcent de les décrire & de les représenter.

Pour l'intelligence des noms abrégés que l'on trouvera dans les feuilles de ce Traité, nous allons en donner ici la Table alphabétique des Auteurs.

EXPLICATION

Des Noms abrégés des Auteurs qui ont traité des Plantes; cités dans la suite des Tables du Cours Botanique que l'Auteur se propose de donner.

Acad. Reg. Parif. Mémoires pour servir à l'Histoire des Plantes, par Dodart. *Par.* 1676. *in-fol.*

Acost. C. Christophorus Acosta, Traité des Drogues & Médicamens. *Lyon*, *in-8.*

Acost. Pater Acostæ lib. 4. Hist. Nat. & Moral. Indiarum.

Ad Lob. & Adverf. Adverfariorum opus à Petro Pena & Matthia de Lobel. *London*, 1605. *in-fol.*

Agric. G. Georgius Agricola, de Ortu & Caufis fubterraneorum., &c. *London*, 1570.

Ald. Aldinus: exactiffima defcriptio rariorum quarumdam plantarum quæ continentur Romæ in horto Farnefiano, &c. *Romæ*, 1626. *in-fol.*

Aldrov. V. Ulyffis Aldrovandi Dendrologia. *Bonon. in-fol.*

Alli. Allionius Stirpes pedem, *Taurin.* 1755. *in-4.* Stirpes Nicæenfes. *Parif.* 1757. *in-8.*

Alp. P. Profp. Alpini de plantis Ægyptæ liber. *Venetiis*, 1633. *in-4.* De plantis exoticis libri duo. *Venetiis*, 1656. *in-4*

Amat. Amati Lufitani in libros 5 Diofcoridis enarrationes, &c. *argentinæ*, 1554. *in-4.*

Ambrof. Hyacinti Ambrofini Horti Publici Bononienfis Præfecti Phitologiæ,

sive de plantis, &c. *Bononiæ*, 1666. *in-fol.*

Amman. Ammani fuppellex Botanica. *Lipfiæ*, 1675. *in-8.*

Amm. Ammani Stirpes rariores. *Petrop.* 1739. *in-4.*

Ang. Luigi Anguillàra Horti Patavini, &c. *In Venetiæ*, 1561. *in-8.*

Apul. Apuleius Platonicus de herbarum virtutibus, &c. *Lutetiæ*, 1528. *in-fol.*

B

Barbar. Hermolai Barbari in Diofcoridem Coralloriorum *Libri* 5. *Coloniæ*, 1530. *in-fol.*

Bar. Barbeu Dubourg. Le Botanifte Français; à Paris 1767.

Barr. J. Barrelier Icones, *Parifiis*, 1714. *in-fol.*

Bauh. C. B. Cafpari Bauhini pinax Theatri Botanici. *Bafil.* 1671. *in-4.*

Bauh. J. B. Hiftoria plantarum Autoribus Joanne Bauhino necnon Joanne Henrico Cherlero, &c. *Ebroduni*, 1650. *in-fol. vol.* 3.

Bel. Belon du Mans; fes Œuvres ont été traduites par Clufias.

Benzo. Hieronymi Benzonis Mediolanenfis, novi orbis hiftoria, &c. *Geneva*, 1600. *in-8.*

Bocco. Paolo Hoccone Mufeo de fifica de piante, &c. *Venet.* 1697. *in-4. vol.* 2.

Boer. Herman Boërhaave Index plantarum horti Lugd.-Bat. Lugd.-B. 1710. 2. vol.

Bont. Jacobus Bontius novæ libros fex Hiftoriæ Naturalis Indiæ Orientalis. Amftelodami, 1658. in-fol.

Breyn. Jacobi Breynii exoticarum, aliarumque minus cognitarum plantarum Centuriæ extant. Gedoni, in-4. vol. 2.

Broff. Gui de la Broffe, defcription des Plantes médécinales du Jardin du Roi. Paris 1633. in-4.

Brunf. Othonis Brunfelfii Simplicium Hiftoria Latina, &c. Argentinæ, 1530. 1531. & 1736. vol. 3.

Brunfv. Hyeronimi Brunfvicenfis Apodinis Germanica, Brunfelfii herbario addita. Argentinæ, 1531. in-fol.

Buc-hoz. Traité hiftorique des Plantes de Lorraine. Paris, 1770. in-12. vol. 10.

Burm. Burmanni Thefaurus Zeylan.-Amftel. 1737. in-4.

Butt. D. G. Büttner Plantæ Canonis. Amftelodami, 1770. in-8.

Bux. Buxbaum, Centur. rarior, Petrop. 1718. in-8.

C

Cæfalp. Andreas Cæfalpinus de plantis libros 16. fcripfit. Florentiæ, 1583.

Cam. Camerarius in horto Medico & Philofophico. Francofurti, 1788. in-4.

Car. Steph. Caroli-Stephani Prædium rufticum. Parif. 1619 in-8.

Gaft. Dur. Caftor Durante; herbario nuove. Venet. 1684. in-fol.

Cat. Catefby. Hift. Nat. Carol. London, in-fol. vol. 2.

Chom. Chomel, de l'Hiftoire des plantes ufuelles. Paris, 1761. in-12 vol. 3.

Cluf. Clufius. Hiftoria rariorum plantarum. Antuerpiæ, 1576. De plantis exoticis. Antuerpiæ, 1601. in-fol.

Cold. C. Colden plant. Coldingh. Act. Upf. 1743 in-4.

Col. Fabii Columnæ Lucæi minus cognitarum ftirpium, Romæ, 1606. in-4. Rerum medi-

carum Novæ Hifpariæ &c. Romæ, 1649.

Comm. Commelin, plantæ rariores horti Amftelodamenfis & præladia Botanica. Lugd-B. 1703 & 1706. in-40. vol. 2.

Cont. Jacques & Paul Contant, Apothicaires; leurs Œuvres, à Poitiers, 1561. in-f.

Cord. hift. Valerius Cordius, de Stirpium Hiftoria. Argentinæ, 1561. in-fol.

Corn. Jacobi Cornuti Canadenfium plantarum, &c. Paris. 1635. in-4.

Coft. Juanis Coftæi de univerfali ftirpium natura Libri duo. Taurini, 1578. in-4.

Cref. Petri Crefcentii, de agriculturæ partibus, plantarum, &c. Bafilea, 1548.

D

Dal. Samuelis Dale pharmacologia. Londini, 1710. in-12.

Dalech. Dalechamp, Hiftoire des plantes. Lyon, 1587 in-fol vol.

Dali. Dalibard. Flora Parifienfis. Parifiis, 1749. in-12

Dill. Dillenius. Hortus Eltham. London, 1732. in-fol.

Dod. Remberti Dodonæi Stirpium Hiftoria Pemtades fex. Antuerpiæ, 1616. in-fol.

Dod. Dodart. Memo. de plant. Parif. 1676. in-fol. 2.

Donat. Donatus, Trattato de fimplici, petre & pefci marini. In Venet. 1631. in-4.

Dut. Dutertre. Hift. générale des Antilles, habitées par les François, à Paris 1666. in-4. vol. 2.

E

Ehret. D. Ehret. Icones plant. Select. London. in-fol.

Euric. Cord. Euricii Cordi Botanologicum. Coloniæ, 1534. in-8.

Eyft. Eyftettenfis. Bafilii Befleri Ho. Ægift. Defcrip. Norimbergæ, 1613. fol. 2 vol.

F

Ferr. J. B. Ferrarii de Florum Cult. Libri 4. Romæ, 1663. Amft. in-4.

Feuil. P. Feuillée, Hiftoire des plantes

décinales en usage dans le Royaume du Pérou & du Chily. *Paris* , 1714 , *in-4.*

Flor. Alt. Floræ Altdorffinæ Deliciæ sylvestres, &c. *Aldorffii* , 1677. *in-4.*

Frag. Joannes Fragosus, Aromatum, Fructuum & Simplicium, &c. Historiam, &c. *Argentinæ* , 1610. *in-8.*

Fuch. Fuchsius, de Historia Stirpium , &c. *Basileæ* , 1542. *in-fol.*

G

Gar. Garidel. Histoire des Plantes qui naissent aux environs d'Aix & autres lieux de la Provence. *A Aix* , 1715. *in-fol.*

Garz. Garzias ou Garcie. Hist. des Drogues , Epiceries & Médicamens simples. *in-8.*

Gemel. I. G. Gemelin. Flora Sibirica. *Petropol.* 1750. *in-4. vol.* 2.

Geo. Geoffroy, Matière Médicale. *Paris* , 1743. *in-12.*

Ger. L. G. Gérard. Flora Gallo-prov. *Parif. in-8.*

Ger. J. Joannis Gerardi Historia plantarum Anglica. *Londini* , 1597. *in-fol.*

Gesn. Gesnerus. Historia plantarum. *Norib.* 1759. *in-fol.*

Gor. Gorter. Flora Geldrica. *Harder.* 1757. *in-8. vol.* 2.

Gou. Gouani Flora Monspel. *Monsp.* 1762. *in-12.*

Guet. Guetard. Observat. plantar. *Parisiis* , 1747. *in-8. vol.* 2.

Guill. Homb. Guillaume Homberg. Mémoires de l'Acad. des Sciences.

Guill. Pis. Guillelmi Pisonis de Indiæ utriusque re naturali & medica Libri 14. *Amstel.* 1558. *in-fol.*

H

Hall. Haller Stirpes Helveticæ. *Gætting.* 1742. *fol.* Hortus Gætting. *Gotting.* 1749. *in-8.* Opusc. Botanica. *Gotting.* 1753. *in-8.*

Hass. Hasselquist, iter Palæstinum. *Holmiæ* , 1757. *in-8.*

Herm. Hermanus Hortus Lugd. - Bat. *Lugd.* 1687. *in-8.*

Hern. Hernandez. Plantarum , &c. Mexicanorum Historia, &c. *Romæ* , 1651. *in-fol.*

Hil. J. Hil. Flora Britanica. *London,* 1760. *in-8.*

Hort. Cath. Hortus Catholicus , Autore Francisco Cupani. *Neapoli* , 1696. *in-4.*

Hort. Lugd.-B. vide Boërhaave, &c. Hermanus.

Hort. Cliff. vide Linneus.

Hort. Edimb. Hortus Medicus Edimburgensi, Autore Jacobo Suterland. *Edimburgi* , 1683. *in-8.*

Hort. Mal. Hortus Malabaricus Indicus. *Amstel. ab anno* 1673. *ad annum.* 1693.

Hort. Pat. Horti Patavini Catalogus Plantarum. *Patavii* , 1661. *in-12.*

H. R. B. Hortus Regius Blesensis. *Parisiis* , 1655. *in-fol.*

H. R. P. Hortus Regius. *Parisiensis,* 1665. *in-fol.*

H. R. M. Hortus Regius Monspeliensis Petri Magnol. *Monspelii* , 1697. *in-8.*

Hud. Huson. Flora Anglica. *London* , 1762. *in-8.*

I

Jac. N. Jacquin. Enumeratio Plantarum. *Lugd. B.* 1760. *in-8.* Flora vindelic. *Vien.* 1762. *in-8.*

Icon. R. Icones Roberti , variæ multiflormes florum species appressæ ad vivum. *Parisiis* , *in-4.*

Imper. Ferrantes Imper. Neap. Pharmacopæus evulgavit Historiæ naturalis , &c. *Neapoli* , 1599. & *Venetiis* , 1672. *in-fol.*

Jonq. Dionisii Jonquet Hortus. *Parisiis* , 1659. *in-4.*

K

Kæmp. Kæmpferus. Amenitates Exoticæ. *Lengo.* 1712. *in-4.*

Kalm. P. Kalm. Iter American. *Holmiæ* , 1753. *in-8. vol.* 3.

Kram. Kramer. Flora Austriaca. *Wienn.* 1756. *in-8.*

L

Lac. Andreæ Lacunæ Commentaria in Dioscoridem cum figuris, Hispanicâ linguâ conscripta. *Salamant.* 1552. *fol.*

Laur. Petri Lauremberii Apparatus Plantarius primus. *Francof.* 1632. *in-4.*

Lee. J. Lee. Introduc. in Botan. *London,* 1760. *Oct.*

Lém. Nicolas Lemery, Pharmacopée universelle, contenant toutes les compositions de Pharmacie, *in-4. à Paris.* Dictionnaire, ou Traité universel de Drogues Simples, &c. *Paris,* 1759. *in-4.*

Ler. Jo. Lerius; Historiam Brasilianam, &c. *Genevæ,* 1594. *in-8.*

Ley. F. W. Leyser, Flora Halensis. *Halæ.* 1761. *in-8.*

Linsc. Jo. Hugonis Linschoti Itinerarium, &c. *Hagæ comitis,* 1599. *in-fol.*

Linn. Caroli. Linnei Philosophia Botanica. *Holmiæ* 1751. *in-8.* Hortus Cliffortianus. *Amstel.* 1737. *in-fol.* Genera plantarum. *Holmiæ* 1754 *in-8.* Species plantarum. *Holmiæ* 1762. *in-8.* vol. 2. *&c.*

Lob. Obs. Lobelii Observationes Plantarum, seu Stirpium Historia Matthiæ de Lobel. *Insulæ & Antuerpiæ,* 1576. *in-fol.*

Loes. Loeselius. Flora Prussic. Reg. 1703. *in-4.*

M

Malpig. Marcellus Malpighius Anatomia Plantarum utraque. *Londoni, in-fol.*

Marcg. Georgii Marcgravii de Liebstad Miseini Germani Historiæ rerum naturalium Brasiliæ, Libri octo. *Lugd.* 1648. *in-fol.*

March. J. Marchand a donné plusieurs Dissertations Botaniques qui sont insérées dans les Mém. de l'Académ. des Sciences.

Matth. Petri Andreæ Matthioli Plantarum Historiæ commentariæ. *Venetiis,* *in-fol.*

Mart. J. Martin, Decades rarior. *London,* 1628. *in-fol.*

Mees. D. Meese, Flora Frisica. *Francof.* 1760. *in-8.*

Mentz. Christianus Mentzelius, edidit indicem nominum Plantarum universalem multi linguam, cum pugillo rariorum Plantarum. *Berolini,* 1682. *in-fol.*

Mes. Joannis Mesuæ Opera de medicamentorum purgantium delectu, &c. *Venetiis,* 1623. *in-fol.*

Mich. Bern. Valent. Michaelis Bernardini Valentini. Polyrecta exotica in curandis affectionibus, &c. Scilicet, faba sancti Ignatii, Ipecacuana, Pedra del Porco, &c. *Francofurti,* 1701. *in-4.*

Mich. J. Micheli gener. nova. *Florent.* 1729. *in-4.*

Mill. Ph. Miller Icones ad Dict. *London, in-fol.* Dict. hortulan. *Lond.* 1761. *in-fol.*

Mona. Monard, Histoire des Simples Médicamens apportés de l'Amérique, desquels on se sert dans la Médecine, &c. *Lyon,* 1619. *in-8.*

Mont. J. Monti Prodr. Gram. *Bonon.* 1719. *in-4.*

Mon. I. G. Monier. Cat. Plant. Alvern. *Parisiis, in-8.*

Mor. Hist. Plantarum Historiæ universalis Oxoniensis pars secunda. Autore Roberto Morison. *Oxonii,* 1680. *in-fol.* Hortus regius Blesensis Auctus. *London.* 1669 *in-8.* Plantarum umbelliferum distributio nova. *Oxonii,* 1672. *in-fol.*

Munt. Muntingius in hist. Plantarum. *Amstelodami,* 1713. *in-fol.*

Mus. Vorm. Musæum Vormianum, &c. ab Olao Vorm. *Lugd.-B.* 1655. *in-fol.*

N

Nicand. Nicandri Theriaca & Alexipharmaca, cum incerti Autoris Græcis Scholis. *Venetiis,* 1523. *in-4.*

O

Oed. Oeder. Flora Danica. *Hafniæ,* 1761. *in-fol.*

Osb. Osbeck. Iter Ind. Orient. *Holmiæ,* 1757. 3 *vol. in*-8.

Oved. Consalvi Ferdinandi Oviedi, Indiæ Occidentalis Historia generalis ; traduit par Durot, *in*-8. *Paris.*

P

Parck. Joannis Parkisonii Theatrum Botanicum. *London ; in-fol.* 1629. Pharmacopæus Regius ann. 1729.

Pass. Icon. Icones Crispini Passæi. *Arnheminsis,* 1687.

Pellet. Caspari Pelleterii Plantarum in Valachia Zeelandiæ insula nascentium synonimia, alphabetico ordine proposita. *middelburgi,* 1610. *in*-8.

Petiv. Petiver. Gazoph. Naturæ. *London,* 1702. *in-fol.*

Phyt. Ic. Phytantoza Iconographia, 1737.

Phyt. Brit. Phytologia Britanica. *London,* 1650. *in*-12.

Piso, vide *Guill. Piso.*

Pit. Tournefort. Voyez *Tourn.*

Plant. Sel. Plantæ Selectæ Jacobi Trew. *R. S.* 1750.

Plin. Caius Plinius secundus, &c. Cet ouvrage a été traduit en François par Dupines. *Lyon,* 1581. *in-fol.*

Pluk. Leonardi Plukenerii Almagestum Botanicum. *Londini,* 1696. *in*-4. Mant. Almag. *London,* 1700. *in*-4. Amalt. Botanica. *London,* 1705. *in*-4. Phytographia. *London,* 1690. *in*-4.

Plum. Plumier, Description des Plantes de l'Amérique. *Paris,* 1693. *in*-4. Nova Plantarum Americanam genera. *Paris,* 1703. *in*-4. Icones per Burman. *Amstelod.* 1755. *in-fol.*

Pom. P. Pomet, Histoire générale des Drogues simples. *paris,* 1694. *in-fol.*

Pon. Joannes Pona Pharmacopæus Veronensis simplicium in Montebaldo nascentium, &c. *Venise,* 1717. *in*-4. *A Basle* 1608. *& Anvers in-fol.*

Port. Joannis - Baptistæ Portæ de Plantis

Historia. *Francofurti,* 1592. *in*-4.

R

Raj. J. Rajus Catalogus Plantarum Angliæ Insularum adjacentium. *London,* 1677. *in*-8. Catal. Plant. circa Cantabrigiam nascentium. *Cantobrigiæ,* 1660. *Appendix vero* 1685. *in*-8. Historia Plantarum. *Londini,* 1686. 3 *vol. in-fol.* Sylloge Stirpium Europæarum. *Londini.* 1694. *in*-8. Synopsis methodica Stirpium Britanicum. *Londini,* 1690. *in*-8.

Rauw. Leonardus Rauwolfius in peregrinatione sua in Orientem plurimas plantas descripsit & icones adjecit. *Lavingæ,* 1538. *in*-4.

Ren. Renaud, Collection de Plantes. *paris,* 1769.

Reneal. Renealme Specim. Plantar. *paris,* 1611. *in*-4.

Rene. Louis Reneaume, Dissertation Physique & Botanique, dans les Mém. de l'Acad. des Sciences.

Rhee. Rheede Hortus Malabar. *Amst.* 1678. 12. *vol. in-fol.*

Rich. Richer Onomatologia, seu Onomenclatura Stirpium quæ in Horto Regio Monspeliensi recens constructo coluntur. *Monspelii,* 1599. *in*-12.

Riv. Rivini Introductio generalis in rem herbariam, cum ordine plantarum quæ sunt flore regulari monopetalo. *Lypsiæ,* 1690. *in-fol.*

Rob. Cat. Stirpium, tam indigenarum, quam exoticarum, quæ Lutetiæ coluntur, à Joanne Robino. *parisiis,* 1601. *in*-12.

Roch. Rochefort. Histoire des Isles Antilles. *paris,* in 4.

Roy. A. Royen Flora Leydensis. *Lugd.*-B. 1740. *in*-8.

Ruel. Joannes Ruellius Dioscoridem latinè vertit. De natura Stirpium Libros tres scripsit. *Basileæ,* 1539. *in-fol.*

Rum. Rumphius. Herbar. Amboin. *amstel.* 1740. *in-fol.* 6 vol.

Sauv,

S

Sauv. F. Sauvages. Flora Monſpelienſi. Hagæ, 1751. in-8.

Scal. Julii Cæſaris Scaligeri Anidmadverſiones in Theopraſti, Libros 6. de cauſa plantarum. Genevæ, 1566. in-fol. & in-8.

Scheu. Joannes Scheuchzer. Hiſtoria agroſt. Tiguri, 1719. in-4. Itinera Alpina. Tiguri, 1702. in-4.

Sc. Bot. Schola Botanica. Amſtel. 1689. in-12.

Scop. J. Scopoli Flora Carniolica. Wien. 1760. in-8.

Seg. J. F. Seguier Plantæ Veronenſis. Veronæ, 1745. in-8. 3 vol.

Sim. Paul. Quadripartitum Botanicum Simonis Pauli. Argentorati, 1667. in-4.

Sloa. Hans Sloane. Catal. Plantarum Inſulæ Jamaïcæ. Londoni, 1696. in-8. Hiſt. Nat. Inſularum Jamaïcæ, Barbadæ, &c. anglicè ſcripta. Londoni, 1707. in-f. 2 vol.

Stap. Joannes Bodeus à Stapel. Theophraſti Ereſii de Hiſtoria plantarum libri decem, &c. Amſtel. 1644. in-fol.

Swert. Emmanuelis Swertii Florilegium in quo præter figuras plurimas, etiam 47 plantæ ex India utraque allatæ, &c. Francofurti, 1612. in-fol.

T

Tab. Jacobi Theodori Tabernæmontani Hiſtoria Germanica, &c. cum figur. Francofurti, 1588. in-fol. Emaculatus & auctus plantarum deſcriptionibus, figuris & medicamentis plurimis, à C. B. 1613. in-fol. Icones cum nudo nomine latino & germanico. Francofurti, 1590. In longa forma prodiere.

Thal. Thalius. Sylva Hercynia, five Catalogus Plantarum ſpontè naſcentium in montibus & locis vicinis Hercyniæ. Francofurti, 1588. in-4. Voyez Camerarius, ordinairement ce Catalogue y eſt joint.

Theo. Theophraſti Græci de Hiſtoria & de cauſis Plantarum, editio Græco-Veneta, 1552 in-8. Baſileæ, 1541. in-4. Et gazæ

verſio. Lugduni, 1552. in-8.

Thevet. Andreæ Theveti Coſmographiæ Gallicè edita, cum figuris aliquot Plantarum & Animalium.

  Le même. Hiſtoire des ſingularités de la Nouvelle France en Amérique, où il a ajouté onze figures de Plantes. Paris, in-4. 1557.

Til. Tilli Hortus Piſanus, Florent. 1723. in-fol.

Tor. O. Toren. Iter. Surattenſe. Holmiæ, 1757. in-8.

Tourn. Joſeph Pitton de Tournefort; Elémens de Botanique, ou Méthode pour connoitre les Plantes. Paris, 1694. 3 vol. in-8. Inſtitutiones rei Herbariæ, &c. Pariſiis, 1700. in-4. 3 vol. Relation d'un voyage du Levant par ordre du Roi. Paris, 1717 in-4. 2 vol. avec figures, & Lyon in-8. 3 vol. Materia medica. Pariſiis, 1714. in-12. 2 vol. Hiſtoire des Plantes qui naiſſent aux environs de Paris avec leur uſage pour la Médecine, &c. Paris, 1718.in-12.2 vol. Et pluſieurs Mémoires à l'Académie depuis 1700 juſqu'en 1708.

Trag. Hieronimi Tragi hiſt. &c. per Davidem Kybtrum latinè reddita, cum Iconibus 567 liceta ab. 808 deſcribantur. Argentinæ, 1553. in-4.

Trew. Trew Tabula Chretii. Noriberg. 1750. in-fol.

Triumf. Joannes-Baptiſta Triumferi, Obſervationes de Ortu ac Vegetatione Plantarum. Romæ, 1685. in-4. Syllabus Plantarum Horto Medico Romano additarum. Romæ, 1688. in-4.

Tur. Guillelmi Turneri Angli Plantarum Hiſtoria, anglicè ſcripta, cum paucis figuris. Londini, in-fol.

V

Vaill. Vaillant, Flores Compoſ. Act. Pariſ. 1718. &c.

Wach. Wachendorff. Hort. Ultrajeā. Trajeā. 1747. in-8.

Veſp. Veſperi Tractatus de Cicuta aquatica;

Verg. Marcelii Vergilii ſecretarii Dioſco-

ridis interpretatio, cum ejufdem com- | Zan. Hiftoria Botanica di Giacomo Zanoni,
mentariis. *Coloniæ*, 1519. *in-fol.* | &c. *in Bologna*, 1675. *in-fol.*

Vr. Iuf. Viridarium Lufitanum Gabrie- | Zinn. J. G. Zinna. Hortus Gætting. Gœt-
lis Gifley. Uliffipone, 1660. *in-12.* | ting. 1757. *in-8.*

Voyez à la fin de la Table fuivante.

CLASSES DES AUTEURS
QUI ONT TRAITÉ DE LA BOTANIQUE.

Parmi les Botaniftes que l'on vient de voir dans la Table précédente, on diftingue les Fondateurs, les Reftaurateurs, & les Réformateurs.

LES FONDATEURS.

LES Auteurs modernes qui ont donné les nouveaux fondemens de la Botanique ; ont paru dans le feizième fiécle : *Fuchfius & Matthiole* avant 1541. font les premiers. *Clufius* enfuite, en 1576. *Camerarius* en 1586. donna fon *Epitome* à Francfort, in-4. & enfuite fes Obferva-tions. *Dalechamp* en 1587. *Tabernæmontanus* en 1590. donna fes Plantes à Francfort ; & *Lo-belius* fit paroître en 1591. celles d'Anvers.

Ceux qui font venus dans le dix-feptième fiécle, font en plus grand nombre. Ils ont com-mencé à donner plus d'ordre dans cette fcience, & nous leur fommes redevables de bien des découvertes. *Columna*, en 1606. *Reneolme*, en 1611. *Dodonæius*, en 1656. *Cornuti*, en 1635. *Marcgra-ve*, en 1648. après *J. Bauhin*, en 1650. *C. Bauhin*, en 1658. donna fon Theât. Botanic. à Bâle, fol. & enfuite fon Pinax Theât. 1671. *Bocco*, en 1674. donna fon *Plantæ ficulæ*, à Oxfort, in-4. & en-fuite fon Mufeum. *Dodart*, en 1676. *Breynius*, en 1678. *Rheede*, en 1678. *Plukenet*, en 1690. *Sloane*, en 1696. *Magnol*, en 1697. *Commelin* en 1697. fit paroître le *Hortus Amftel.* à Amfterdam, fol. & enfuite fes Plantæ rariores.

Dans ce fiécle ici, *Petiver*, en 1702. *Loefelius*, en 1703. *Kæmpferus*, en 1712. *Barrelier*, en 1714. *Rumphius*, en 1740. *Gefnerus*, en 1749. On regarde ces Auteurs ici, comme les Fondateurs de la Botanique ; quoiqu'il y ait d'autres Botaniftes qui ont écrit dans le fiécle précédent, & que l'on ne regarde que comme Reftaurateurs.

LES RESTAURATEURS.

On entend par Reftaurateurs, ceux qui ont commencé à décrire le caractère des Plantes, avec plus d'ordre que n'ont fait les Fondateurs. *Morifon* eft le premier Reftaurateur de la Botanique ; enfuite *Rajus*, en 1686. *Hermanus*, en 1687. *Tournefort*, en 1694. *Volkamer*, en 1702. *Plumier*, en 1703. *Feuillée* en 1714. *Vaillant*, en 1718. *Monti*, en 1715. *Boerhaave*, en 7120. *Tilli*, 1723. *Bux-baum*, en 1728. *Micheli*, en 1719. *Dillenius*, en 1732. *Burmanus*, en 1737. *Ammanus*, en 1739.

LES RÉFORMATEURS.

Les Réformateurs font ceux qui ont donné des nouveaux fyftémes fur l'ordre des Plantes ; la plûpart de ceux-ci ont négligé de décrire les ufages des Plantes, pour s'attacher à leur diffection & à leur forme. *Linneus* eft le premier Réformateur de notre fiécle, fon premier Livre, *Critica Botanica* in-8. imprimé à Amfterdam, parut en 1737. *Gronovius*, en 1739. donna fon *Flora Virginea* à Leyde in-8. & enfuite *Royen*, en 1740. *Haller*, en 1742. *Colden*, 1743. *Monier*, en 1745. *Seguier*, en 1745. *Guettard*, en 1747. *Wachendorff*, en 1747. *Dalibard*, en 1749. *Buttner*, en 1750. *Trew* en 1750. *Gmelin*, en 1750. *Sauvages*, en 1751. *Kalm*, en 1753. *Plumier*, en 1755. fon *Iconis per Burman*, à Amfterdam in-fol. *Allionius*, en 1755. *Kramer*, en 1756. *Brown*, en 1756, fon *Hift. Nat. Jamaicæ*, à Londres, in-fol. *Gorter*, en 1757. *Flora Geldrica* Harder, in-8. *Zinn*, en 1757. *Haffelquift*, en 1757. *Osbeck*, en 1757. *Toren*, en 1757. *Loefling*, en 1757. fon *Iter. Hifpa-nicum*, à Stockholm, in-4. *Jacquin*, en 1760. *Méefe*, en 1760. *Hill*, en 1760. *Lee*, en 1760. *Miller*, en 1760. *Scopoli*, en 1760. fon *Flora Carniolica.* à Vienne, in-8. *Œder*, en 1761. *Leyfer*, en 1761. *Jaqun*, en 1761. fon *Flora Vindelic.* à Vienne, in-8. *Guan*, en 1760. *Hudfon*, en 1762. On compte auffi un Réformateur de Botanique dans le précédent fiécle, qui eft *Martin*, en 1628, il changea l'ordre des Plantes des Auteurs qui l'avoient précédé.

TABLE
ALPHABÉTIQUE
LATINE ET FRANÇOISE,

Des 'Noms communs des Plantes d'ufage , avec leurs fynonymes,
& l'indication des Auteurs les plus fuivis , dans lefquels on
trouve les defcriptions & les Planches à chaque article que l'on
veut parcourir : ce qui fervira à l'étude de la Botanique en
genéral.

NOUS jugeons à propos de faire fuivre *l'Explication des Noms abrégés des*
Auteurs qui ont traité des Plantes , d'une Table alphabétique des Noms communs, Latins & François de chaque Plante, avec leurs vertus effentielles,
pour montrer les claffes dans lefquelles on rangera toutes les Plantes d'ufage.
On n'entre ici dans aucun détail fur les autres qualités de chaque Plante en par-
ticulier , & de la partie de la Plante qui fert dans la Médecine, ni fur les diverfes efpèces ; parce que ce détail eft réfervé , comme on verra , pour les Tables
explicatives ; mais nous croyons néceffaire, pour vaincre les difficultés que l'on
rencontre fur la diverfité des noms de la même Plante, donnés par divers Botaniftes, de mettre à chaque article les fynonymes des meilleurs Auteurs. Ceux auxquels on s'attache le plus pour la defcription de la Plante & les figures qu'ils en
ont données, font, *Gafpard Bauhin, Tournefort & Linneus*: Tournefort par rapport
à fes Planches ; c'eft pourquoi on a préféré de citer les Planches de fes Elémens
de Botanique, plutôt que celles de tout autre : quoique l'on ne trouve dans ce
Traité de Tournefort qu'une partie de ce que l'on donnera dans nos Planches en
couleur , il fera toujours bon de le confulter. Bauhin dans fon *Pinax*, & Linneus
dans fon *Species Plantarum* , ferviront pour accorder les fynonymes & les
noms communs que nous choififfons, & pour indiquer la Plante , afin qu'il n'y ait
aucune équivoque ; car le labyrinthe de la Botanique eft immenfe , & on ne peut
le parcourir & en fortir qu'avec un fil que nous croyons donner dans la Table
préfente.

A

Abies, *le Sapin*, (arbre.) Matthiole. 102. Tourn,
Élémens de Botanique , planche 353.
Lemery, dictionnaire, page 1. Chomel ,
Hiftoire des Plantes d'ufage, tome 1. page
321. *Pinus* Linneus , fpecies plantarum
1420. *abies conis furfum fpectantibus , five*
maf. Bauhin, Pinax, 737. (pl. *purgative*)
La thérébentine tirée de celui de Virgi-
nie, purge les abfcès internes. Il y a plus

fieurs fortes de fapins qui feront détaillés dans la Table qui doit accompagner chaque plante ; cet arbre vient en Europe.

Abrotanum, *l'Aurone champêtre, l'Aurone mâle.* (*herb.*) Matth. 513. Tourn. el. 260. Lem. dict. 2. Chom. t. 2. 106. *Abrotanum mas angusti folium, majus.* Bauh. pin. 136. *artemisia,* L. sp. 1185. Dod. pempt. 21. hort. cliff. 397. Roy. Lugd-B. 146. (plante *stomachique,*) croît en Eur. dans les lieux incultes, & dans les champs. *Vide Santolina.*

Absinthium, *l'Absinte,* (*herb.*) Matt. 508. T. pl. 260. Mont. hist. 3. p. 11. Bauh. pin. 139. Lem. dict. 3. Chom. hist. p. 101. *Artemisia,* Lin. p. 1186. Mat. Med. 383. hort. cliff. 404. hort. Upf. 255. (plant. *stomachique,*) dans l'Europe Méridionale, au bord de la mer, dans les endroits sabloneux ; dans le Nord on la cultive dans les jardins.

Abutilon, (*herb.*) Matth. 662. *la fausse Guimauve,* T. pl. 25. Plum. spec. 1. ic. 3. Lem. dict. 4. *sida, abutilon,* Lin. sp. 953. *althæa Theophrasti, flore luteo,* Bauh. pin. 316. (plant. *apéritive,*) vient des Indes, on la cultive dans les jardin.

Acatia, *la cassie,* (arb.) Matth. 171. T. pl. 275. Bauh. pin. 392. Bauh. hist. 1. p. 429. *mimosa.* L. sp. 1506. Hort. cliff. 208. Roy. Lugd-B. 470. Gron. orient. 159. (plante *astringente,*) croît en Egypte & en Syrie ; on la cultive dans les Pays chauds.

Acanthus, *l'Acante,* (*herb.*) Matth. 499. T. pl. 80. Lem. dict. 6. Chom. hist. 3. 14. Lin. sp. 891. Bauh. pin. 383. Dod. pempt. 719. *cardaus aquaticus.* Cammell. Luz. 6. n. 6. (pl. *émoliente,*) croît aux lieux humides & pierreux, dans les jardins.

Acer, *Erable commun, Erable Sicomore, Erable plane.* (arb.) T. pl. 386. L. sp. 1495. hort. Upf. 93. Sauv. Monsp. 212. Bauh. pin. 430. Lem. dict. 7. (*les feuilles astringentes,*) croît dans les bois, dans les buissons, en Eur.

Acetabulum, *l'Umbilic,* (*herb.*) ou champ. T. pl. 338. Lem. dict. 8. *fungoïdes acetabuliforme,* Vaill. *androsaces,* Matth. Bauh. pin. Lobel, Icon. *umbilicus marinus,* Camm. ep.

peziza, Lin. sp. 1650. (plant. *apéritive,*) croît sur les pierres au fond de la mer : la petite espèce se trouve dans les étangs, sur des coquillages, en Eur.

Acetofa, *l'Ozeille surelle, l'Ozeille vinette.* (*herb.*) Matth. 353. T. pl. 225. Bauh. pin. 14. Lem. dict. 8. Chom. hist. t. 1. p. 263. *rumex.* L. sp. 481. Mat. Med. 529. Roy. Lugd. 231. (*plant. apéritive,*) on la cultive dans les jardins ; se trouve dans les prés en Eur.

Aconitum, *l'Aconit ou tue-loup.* (*herb.*) Matth. 763. T. pl. 210. Lin. sp. 750. Bauh. pin. 183. Lem. dict. 11. Dod. pempt. 441. Dalech. hist. 743. *napelus verus.* Lob. hist. 387. (*remedes extérieurs,*) croît aux lieux montagneux, sur-tout dans les Alpes.

Acorus, *le Roseau aromatique,* (*herb.*) Matth. 20. Lem. dict. 13. Chom. hist. t. 1. p. 242. *acorus verus seu calamus aromaticus officinarum,* Bauh. pin. 34. hort. cliff. 127. Lin. sp. 462. (plant. *histérique,*) vient de la Tartarie, du Canada, & on le cultive en Eur.

Adiantum, *la Capilaire,* (*herb.*) Matth. 831. T. pl. 317. Lem. dict. 14. Chom. hist. t. 1. pl. 113. L. sp. 1558. Bauh. pin. 356. Mat. Med. 482. Camp. epit. 914. (plant. *béchique,*) croît aux lieux ombrageux, humides & pierreux, contre les murailles, au bord des fontaines & des puits, en Eur.

Agaricus, *l'Agaric ;* espéces, *amadouvier, agaric d'iris, agaric feuillé, demion à crête, patile* (Cham.) Matth. 475. Bauh. pin. 375. Lin. sp. 1640. T. pl. 330. Fl. lap. 486. Buxb. cent. 4 p. 12. t. 19. (plant. *purgatives.*) Il croît en Dauphiné, en Provence, dans les montagnes de Trente, sur le Larix ou Méléze, & sur d'autres vieux arbres.

Agrimonia, *l'Aigremoine,* (*herb.*) Matth. 717. T. pl. 155. L. sp. 643. hort. cliff. 179. Fl. suec. 349. 423. Mat. Med. 221. Guet. stamp. 1. p. 293. Dalib. Paris. 139. *eupatorium veterum,* Bauh. pin. 320. (plante *hépatique,*) croît le long des chemins, contre les haies, au bord des prés, en Eur.

Agrimonodes, *la fausse Aigremoine,* (*herb.*) T. p. 155. L. sp. 643. Boerh. Lugd-B. 1. p. 170.

agrimariæ *similis* , Bauh. pin. 321. (*vertus indécises* ,) croît en Italie , dans les forêts humides.

Alaternus, *l'Alaterne*, (arbuste,) T. pl. 366. Cluf. hist. 1. p. 50. *Rhamnus* , L. sp. 281. *philica elatior* , Bauh. pin. 477. (plant. *détersive* ,) croît dans les haies : on le cultive dans les jardins en Eur.

Alcea, *la Maue-rose*, (herb.) Matth. 663. T. pl. 25. sp. Lin. 966. hort. cliff. 248. Mat. Med. 34. Roy. Lugd-B. 348. *Malva-rosea*, Bauh. pin. 315. *malva hortensis*, Dod. pempt. 652. (pl. *émoliente* ,) on la cultive dans les jardins. *Alcea vulgaris*, Lem. dict. 22. Chom. hist. t. 3. p. 9. croît dans les champs en Eur.

Alchimilla , *le Pied de lion* ; especes , *la gnavelle annuelle*, (herb.) T. pl. 289. L. sp. 178. Mat. med. 54. hort. cliff. 38. Fl. lapp. 66. Bauh. pin. 319. (plant. *astringente* ,) croît aux lieux herbeux & humides , dans les prés, le long des vallées, en Eur.

Alga, *l'Algue*, (herb. marin.) Matth. 796. T. pl. 237. Bauh. pin. 364. Lem. dict. 29. *qostera*, L. sp. 1374. (plant. *vulnéraire* ,) croît en grande quantité au bas des mers , sur-tout dans la Méditerranée.

Algoides *vulgaris* , *l'Alguette* , (herb aqua.) Vaill. act. 1719. p. 15. t. 1. f. 1. *zannichella*. L. sp. 1375. (*vertus indécises*,) croît au bord des fleuves & des fosses pleines d'eau , en Eur.

Alisma , *la Benoite de montagnes*, (herb.) Matt. 666. Lem. dict. 25. *doronicum plantaginis folio* , *alterum* , Bauh. pin. 155. *calta alpina*, Tabern. ic. 336. *cariophilata*. Tourn. (plant. *vomitive* ,) croît aux lieux montagneux, en Eur.

Alkekengi , *le Coqueret*; (herb.) T. pl. 64. Lem. dict. 26. Chom. hist. t. 1. 274. *physalis*, L. sp. 262. hort. cliff. 62. Mat. Med. 93. Dalib. Parif. 73. *solanum vesicarium* , Bauh. pin. 166. Dod. pempt. 454. (plant. *apéritive* ,) croît dans les vignobles , aux lieux ombrageux, en Eur.

Allium, *l'Ail* ; espéces, *moly* , *ourfin* , *moly-ampeloprase* , (herb.) Matth. 421. T. pl. 100. Lem. dict. 27. Chom. hist. t. 1. p. 376,

L. sp. 432. Bauh. pin. 75. *scorodoprasum* Mich. gen. 15. t. 24. f. 1. *alium kortense*, Fuch. (pl. *alexitere* ,) on la cultive dans les jardins.

Alnus, *l'Aune*, (arb.) Matth. 133. T. pl. 359. Bauh. pin. 428. Lem. dict. 28. Chom. hist. t. 1. p. 38. Roy. Lugd-B. 85. hort. cliff. 441. *Betula*, L. sp. 1394. (*remèdes extérieurs* ,) croît aux lieux aqueux & marécageux, en Eur.

Aloe, *l'Aloës*, herb Matth. 507. T. pl. 191. L. sp. 457. hort. cliff. 13:. Boerh. Lugd-B. 1. p. 131. t. 131. Bauh. pin. 386. Lem. dict. 8. Ch. hist. t. 1. p. 68. (plant. *purgative*,) croît aux pays chauds , fur-tout en Perse , en Arabie , en Italie , & en Espagne ; il y en a en Provence.

Alsine, *la Margoline*, (herb.) espéces, *stelline, stelline fineherbe, espargoute, espargoulete, sabline, ceraiste aquatique*, (herb.) Matth. 782. T. pl. 126. L. sp. 389. Lem. dict. 30. Chom. hist. t. 3. p. 127. *alsine media* Bauh. pin. 150. *spergula* Guett. stamp. 199. Dalib. Parif. 13: (plant. *rafraîchissante*,) croît dans les vignobles, aux lieux ombrageux, par-tout dans les jardins.

Alsinoïdes, *le Monti*, (herb.) Vaill. Parif. t. 3. f. 4. *portulaca arvensis*, Bauh. pin. 288. *momia*, Lin. sp. 129. *alcine palustris* , Raj. h. ft. 1055. (*vertus indécises* ,) croît en Eur. au bord des fources.

Althea, *la Guimauve*, (herb.) Matth. 661. r. 18. L. sp. 966. Bauh. pin. 316. Lem. dict. :o. Chom. hist. t. 3. p. 5. Mat. Med. 130. Dalib. Parif. 210. hort. cliff. 348. (plant. *émoliente*,) croît aux lieux humides en Eur.

Alysson, *l'Alysson*, (herbe) Matth. 591. t. ol. 104. Lem. dict. 31. L. sp. 907. hort. cliff. 33:. Roy. Lugd-B. 331. Dalib. Parif. 197. *thlaspi fruticosum* , *spinosum*, Bauh. pin. 108. (*contre la rage*,) croît aux lieux montagneux, en Eur.

Alyssoides, *le petit Alysson*, (herb.) T. pl. ... *Thlaspi Alysson* , Magn. Monfp. 151. (plante *astringente*,) croît en Efpagne.

Amaranthus , *l'Amarante passe-velours* , *fleur de jalousie*, (herb.) Matth. 737. T. pl. 118. L. dict. 3:. Chom. hist. t. 1. p. 171. L. sp. 1405. hort. cliff. 444. Hall. helv. 176. Dalib. Parif.

390. 290. *Blitum album minor.* Roy. hift. 200. *Blitum rubrum minor.* Bauh. pin. 118. Bauh. hift. 2. pl. 967. (plant. *rafraîchiſſante agglutinative,*) on la cultive dans les jardins; vient en Eur.

Ambroſia, *l'Ambroiſie,* (herb.) Matth. 619. T. pl. 252. L. ſp. 1401. hort. cliff. 443. Roy. Lugd-B. 85. Bauh. pin. 138. Lem. dict. 34. Dod. pempt. 35. (*ſtomachique,*) croît dans les lieux ſabloneux & maritimes de la Toſcane ; on la cultive dans les jardins.

Ammi, *l'Ammi de Candie ; eſpéces , berle-faucille,* (herb.) Matth. 557. T. pl. 159. Lem. dict. 36. Chom. t. 2. p. 209. L. ſp. 349. hort. Upſ. 59. *ammi majus ,* Bauh. pin. 159. *daucus petreus ,* Bauh. hift. 3. p. 58. (plant. *carminative,*) vient de Candie ; on la cultive dans les jardins.

Amigdalus, *l'Amandier, (arb.)* Matth. 221. Tourn. pl. 240. Lem. dict. 39. Chom. hift. t. 1. p. 146. Lin. ſp. 676. *perſica mollicarne & vulgarii,* Bauh. pin. 440. (plant. *béchique ,*) eſt cultivée en Eur.

Anacampſeros , *l'Orpin, repriſe , jouharbe de vignes, graſſette, féve épaiſſe,* (herb.) T. pl. 59. Bauh. hift. 3. p. 681. Lem. dict. 40. Chom. t. 2. p. 286. *fabaria,* Matth. 472. *telephium vulgare,* Bauh. pin. 187. *ſedum ,* 1. ſp. 616. Halv. 35. (*rafraîchiſſante ,*) croît aux lieux incultes & ombrageux en Eur.

Anagalis , *le Mouron ;* eſpéces , *la centenille ,* (herb.) Matth. 463. pl. 72. L. ſp. 211. Roy. Lugd-B. 416. Fl. ſuev. 169. Hort. cliff. 52. Bauh. pin. 152. Lem. dict. 40. Chom. t. 2. p. 22. (plant. *céphalique ,*) on le diſtingue en mouron mâle & femelle, ce que l'on verra dans les Tables. Il croît par-tout en Eur.

Anagyris , *le bois puant,* (arb.) Matth. 664. t. pl. 415. L. ſp. 534 , Cluſ. hift. 1. p. 93. Roy. lugd-B. 371. Lem. dict. 41. *anagaris fœtida ,* Bauh. pin. 391. (plant. *vomitive ,*) croît aux Pays chauds, en Eur.

Ananas, *l'Ananas,* (herb.) Dill. elth. 25. t. 21. f. 22. Plum. ſp. 20. Tourn. inft. 653. *carduus braſilianus foliis aloës.* Bauh. pin. 384. *Bromelia, Ananas,* Lin. ſp. 408. (plant. *alexitaire,*) vient des Indes ; on le cultive préſentement dans des jardins en Eur.

Androſace, *l'Androſace,* (herb.) Matth. 644. T. pl. 46. Lem. dict. 45. L. ſp. 203. hort. Upſ. 36. Fl. lapp. 78. *alcine affinis ,* Bauh. pin. 251. (plant. *apéritive ,*) croît aux lieux maritimes , parmi les bleds & dans les bois en Eur.

Androtæmum, *la Toute-ſainte,* (herb.) Matth. 667. T. pl. 118. Bauh. pin. 280 Dod. pempt. 78. Lem. dict. 45. Chom. t. 2. p. 409. *hypericum.* L. ſp. 1102. hort. Upſ. 237. Roy. Lugd-B. 374. Dalib. Paris. 235. (plant. *vulnéraire ,*) croît dans les champs & dans les jardins, en Eur.

Anemone, *l'Anemone,* (herb.) Matth. 460. T. pl. 145. Lem. dict. 46. L. ſp. 758. Roy. Lugd. 487. *hepatica ,* hort. cliff. 223. Fl. ſuec. 445. 480. Mat. Med. 277. Gron. virg. 61. *trifolium hepaticum,* Bauh. pin. 339. (*remédes extérieurs,*) croît aux lieux élevés & montagneux.

Anethum, *l'Anet,* (herb.) Matth. 554. Lem. dict. 46. T. pl. 169. L. ſp. 377. Dod. pempt. *anethum hortenſe ,* Bauh. pin. (plant. *carminative ,*) on la cultive dans les jardins.

Angelica, *l'Angélique,* (herb.) Matth. 814. T. pl. 167. Lem. dict. 47. Chom. hift. t. 1. p. 350. L. ſp. 360. Fl. lapp. 101. Mat. Med. 120. hort. cliff. 97. Roy. Lugd-B. 103. Bauh. pin. 155. (plant. *diaphorétique ,*) croît aux lieux humides & terres graſſes ; on la cultive dans les jardins.

Anguria, *le Melon d'eau, paſteque,* (herb.) Matth. 396. t. pl. 3635. L. ſp. 1376. pl. ſpec. 3. ic. 22. (plant. *rafraîchiſſante ,*) vient de Barbarie ; on la cultive en Provence.

Aniſum, *l'Anis,* (herb.) Matth. 553. Lem. dict. 49. Chom. t. 2. p. 205. Cluſ. hift. 2. p. 235. *aniſum herbariis ,* Bauh. pin. 159. *cuminum ſemine rotundiore,* Raj. extr. 63. *apium aniſum dictum ,* Tourn. 156. *pimpinella ,* L. ſp. 379. (*carminative , cordiale ,*) vient de Malte & d'Alicante.

Anonis , *l'Arrête-bœuf ;* eſpéces , *bugrane viſqueuſe , bugrane mineure ,* (herb.) Matth. 500. T. pl. 229. Bauh. pin. 399. Chom. t. 1. p. 284. Cluſ. hift. 92. Fuch. hift. 60. *Anonis ,* L. ſp. 1906. hort. cliff. 559. Mat. Med. 357. (plant.

apéritive ,) dans l'Europe méridionale.

Anthora, *l'Anthor*, (herb.) Cam. epit. 837. Lem. dict. 51. *Aconitum salutiferum, sive anthora'* Bauh. pin. 584. Tourn. inst. Lin. sp. 751. (plant. *alexitere* ,) croît dans les Alpes.

Antirrhinum , *le Mufle de veau* , (herb.) Matth. 829. T. pl. 75. Lem. dict. 52. L. sp. 859. hort. Upf. 175. Mat. Med. 312. *Antirrinum majus alterum , folio longiore* , Bauhin. pin. 211. *cynocephalof.* Plinii. (*remedes extérieurs*,) croît dans les champs, dans les vignobles & lieux incultes, en Eur.

Aparine, *le Grateron*, ou *Reble*; espèces, *le cail-le-lait des marécages , la croisette aparine* , (herb.) Matth. 590. T. pl. 39. Bauh. pin. 334. Lem. dict. 53. Chom. hist. t. 1. p. 383. Dod. pempt. 353. hort. cliff. 34. *Galium*. L. sp. 157. (plant. *apéritive* ,) croît contre les haies , aux bords des chemins , dans les champs, en Eur.

Aphaca , *la Gesse-afaque* , (herb.) Matth. 416. T. pl. 223. lob. ic. 2. p. 70. *vicia lutea foliis convolvulis minoris.* Bauh. pin. 345. *lathyrus*, L. sp. 1029. (plant. *apéritive* ,) parmi les bleds en Italie, en France, en Angleterre & en Suisse.

Apium, *l'Ache de marais*, (herb.) Matth. 990. T. pl. 160. Lem. dict. 55. Chom. hist. t. 1. p. 275. Lin. sp. 379. *apium paluftre*, Bauh. pin. 154. (*vulnéraire hyftérique* ,) croît dans les lieux aquatiques en Eur.

Apocynum, *l'Apocin* , tue-chien , *herbe de la houette* , (herb.) Matth. 774. T. pl. 20. L. sp. 311. Roy. Lugd-B. 411. Sauv. Monfp. 233. hort. cliff. 80. *tithymalus*, Bauh. pin. 291. (pl. *vénimeufe* ,) croît dans les lieux humides , dans les pays chauds.

Aquifolium , *le Houx*, (herb.) Matth. 147. T. pl. 371. Lem. dict. 60. Chom. hist. t. 3. p. 39. *ilex*, L. sp. 181. *ilex aculeata bacifera*, Bauh. pin. 425. *agrifolium* , Dod. (plant. *émolierte* ,) croît aux lieux incultes, ombrageux & dans les bois déserts en Eur.

Aquilegia, *l'Ancolie* , (herb.) Fuch. 61. T. pl. 242. Lem. dict. 60. Chom. t. 1. p. 302. L. sp. 752. Mat. Med. 272. F. succ. 212. 478. Bauh,

pin. 44. *ifopyrum diofcoridis* , colum. (plant. *apéritive* ,) croît aux lieux montagneux & rudes , dans les bois , dans les prés gras ; on la cultive dans les jardins.

Arachus, *le Vefferon*, (herb.) Matth. 337. Lem. dict. 61. *cracca minor.* Tabern. ic. 507. *vicia fegetum cum filiquis plurimis hirfutis*, Bauh. pin. 345. *ervum hirfutum.* Lin. sp. 1039. *vicium fegetum.* Tourn. (plant. *ftomachique* ,) croît dans les champs, parmi les bleds ; on la cultive en Eur.

Arbutus, *l'Arboufier*, (arbuf.) Matth. 220. T. pl. 368. Lem. dict. 71. L. sp. 566. hort. cliff. 163. Bauh. pin. 460. *comarus Theophrafti*, (plant. *aftringente* ,) croît aux lieux montagneux, dans les bois, en Eur. en Candie, & s'éleve extrêmement haut.

Argemone , *le Pavot épineux*, (herb.) Matt. 463. T. pl. 121. Bauh. pin. 172. lob. ic. 276. Lem. dict. 73. *papaver*, Lin. sp. 717. Dalib. Paris. 152. (plant. *affoupiffante* ,) croît dans les jardins.

Arifarum, *la Lampe*, *le calen*, (herb.) Matth. 450. T. pl. 70. Bauh. pin. 196. Clus. hist. 2. p. 73. lob. ic. 598. Lem. dict. 76. *arum*, L. sp. 1370. (plant. *vulnéraire déterfive* ,) elle croît aux lieux pierreux, au bord des haies , le long des chemins, en Eur.

Ariftolochia rotunda, *l'Ariftoloche ronde*, (herb.) Matth. 482. Bauh. pin. 307. T. pl. 71. Lem. dict. 76. Chom. t. 1. p. 106. L. sp. 1361. Mat. Med. 414. Sauv. Monfp. 111. (plant. *hiftérique* ,)

Ariftolochia longa, *l'Ariftoloche longue*, (herb.) Matth. *ibid.* Bauh. *ibid.* Tourn. *ibid.* Lem. Chom. *ibid.* vertus. (plant. *hiftérique*,) elle croît dans les champs , parmi les bleds, en Eur.

Artemifia , *l'Armoife* ou l'herbe de la Saint Jean, (herb.) Matth. 617. T. pl. 260. Fuch. hist. 46. Lem. dict. 82. Chom. hist. t. 1. p. 209. *Artemifia vulgaris major.* Bauh. pin. 137. F. lapp. 379. Bauh. hist. 3. p. 18. L. sp. 1189. *Artemifia tanacetum*, Dalech. hist. 46. (plant. *hiftérique* ,) croît dans les champs en Eur.

Arum , *le pied de veau* , *l'arum gouet* , (herb.) Roy. Lugd-B. 7. Herm. Lugd-B. 60. Fuch. 39.

Matth. 448. T. pl. 69. Lem. dict. 82. Chom. hist. t 2. p. 181. L. sp. 1367. hort. cliff. 344. *draconculus polyphilus*, Bauh. pin. 195. *dracunium*, Dod. pempt. 329. (plant. *hépatique*,) croît aux lieux ombrageux & champêtres, en Eur.

Arundo, *le Roseau*, (herb.) Matth. 137. T. pl. 475. L. sp. 120. Roy. Lugd-B. 66. Lem. dict. 83. *arundo vulgaris*, f. *phragmites*, Diosc. Bauh. pin. 17. (plant. *errine*,) croît dans les marais en Eur.

Asarina, *l'Asarine*, (herb.) Matth. 37. T. pl. 76. Lem. dict. 84. Lob. ic. 601. *antirrhinum*, L. sp. 860. *hedera saxatilis*, Bauh. pin. 360. (plant. *vulnéraire apéritive*,) croît sur les rochers & lieux pierreux en Provence, en Dauphiné, en Languedoc & en autres lieux Méridionaux en Eur.

Asarum, *le Cabaret*, *le nard sauvage*, *l'oreille d'homme*, *l'oreillette*, *le girard-roussin*, *la rondelle*, (herb.) Matth. 36. t. pl. 286. lin. sp. 633. Mat. Med. 219. Bauh. pin. 197. Lem. dict. 84 Chom. hist. t. 1. 48. (plant. *purgative*,) croît en Provence, en Languedoc, en Auvergne, & en Dauphiné; on l'apporte aussi du Levant.

Asclepias, *l'Asclepiade*, (herb.) Matth. 591. T. L. sp. 315. Bauh. pin. 303. *vincetoximum*, Dod. pempt. 407. Chom. hist. t. 1. p. 388. (plant. *aléxitaire*,) croît dans les graviers en Eur.

Asparagus, *l'Asperge*, (herb.) Matth. 373. T. pl. 154. L. sp. 448. Mat. Med. 169. Bauh. pin. 489. Lem. dict. 88. Com. hist. t. 1. pl. 279. hort. cliff. 121. Roy. Lugd B. 28. (plant. *diaphorétique*,) on la cultive dans les champs, il en croît dans les montagnes en Eur. qui ne manquent que de culture.

Asperugo, *la Rapette*, (herb.) T. pl. 54. L. sp. 198. Dalib. Paris. 61. Lem. dict. 88. *buglossum sylvestre*, Bauh. pin. 257. (plant. *vulnéraire*, *détersive*,) croît le long des chemins, proche les baies & dans les jardins, en Eur.

Asperula, *le Muguet des bois*, *le scherard*, (herb.) Lem. dict. 89. Chom. hist. t. 2. p. 186. L. sp. 150. Dalib. Paris. 46. Bauh. pin. 334. Bauh. pinax. 334. Roy. Lugd-B. 255. *rubeola*

quadrifolia, Hall. rupp. 8. *hepatica steilata*, Tab. (plant. *hystérique*,) croît aux lieux montagneux, dans les bois, en Eur.

Asphodelus luteus, *l'Asphodele jaune*, (herb.) Matth. 451. Bauh. pin. 28. Tourn. el. pl. 178. Lem. dict. 89. Lin. sp. 443. *asphodelus fœmina.* Cam. epit. 372. (plant. *hystérique*,) croît dans les lieux pierreux, en Sicile : on la cultive dans les jardins.

Asphodelus ramosus, *l'Asphodel rameux*, (herb.) Tourn. Lem. *ibid. asphodelus albus ramosus*, mas. Bauh. pin. 28. *asphodelus minor* Clus. hist. 1. p. 197. (plant. *hystérique*,) croît en Provence, en Espagne & dans le Levant.

Asplenium, *la Doradille*, *le Ceteras*, (herb.) T. pl. 318. L. sp. 1537. Mat. Med. 481. Chom. Hist. t. 1. p. 117. *ceterar*. Lem. dict. 225. *lingua cervina officinarum*, Bauh. pin. 353. *phyllitis*, *crispa*, Bauh. hist. 3. p. 737. (pl. *béchique*,) croît aux lieux rudes & pierreux, sur les murailles, principalement aux pays chauds : en Provence & en Languedoc, on la nomme *herbe daurado*.

Aster, *la Reine-Marguerite*; espéces, *le vergeron*, *l'enule herissée*, (herb.) Matth. 817. T. pl. 274. Lin. sp. 1226. Bauh. pin. 905. Lem. dict. 91., (plant. *apéritive*,) croît aux lieux incultes & pierreux, dans les vallées; on la cultive dans les jardins.

Astragalus, *l'Astragale*, (herb.) Matth. 836. T. pl. 233. Lem. dict. 91. L. sp. 1064. hort. cliff. 30. *glycyrrhiza silvestris*, Bauh. pin. 352. (plant. *vulnéraire apéritive*,) croît au bord des chemins, dans les Pays chauds, en Eur.

Astragaloides, *le faux Astragale*, (herb.) T. pl. 223. Amm. ruth. 148, *phaca*, L. sp. 1064. *phaca frigida*, Fl. suec. 2. n. 657. (*vertus inconnues.*) Cette plante croît dans les Alpes & en Italie; on la trouve dans la Sibérie & en Laponie : elle est légumineuse.

Astrantia, *le Sanicle femelle*, (herb.) T. pl. 166. L. sp. 339. Hal. helv. 439. Lem. dict. 91. *helleborus niger sanicula folio*, Bauh. pin. 186. *veratrum nigrum*, Dod. pempt. 387. (plant. *purgative*,) croît en Toscane, en Suisse, en Bohéme, & dans les Alpes sur-tout.

Atractilis,

Atractilis , *le Fuseau*, (*herb.*) Matth. 593. Dod. pempt. 736. Lem. dict. 93. *atractilis lutea.* Bauh. pin. 379. *carthamus lanatus.* Lin. sp. 1163. (plante *diaphorétique*,) croît dans les champs par-tout en Eur.

Atriplex, *l'Arroche, la bonne dame, la folette*, (*herb.*) Matth. 361. T. pl. 286. Lem. dict. 94. Bauh. pin. 119. Dod. pempt. 615. L. sp. 1492. hort. cliff. 469. *halimus,* Cluf. hist. 1. p. 53. *attriplex domestica,* Math. 361. (plante *émolliente*,) cultivée dans les jardins, croît en Tartarie.

Avena, *l'Avoine*, (*herb.*) Matth. 316. T. pl. 297. L. sp. 117. Fl. suec. 98. 101. Lem. dict. 95. Chom. t. 3. p. 52. (plante *résolutive*,) est cultivée en Eur.

Aurantium, *l'Orange*, (*arb.*) Matth. 206, T. pl. 393. Lem. dict. 97. Chom. t. 1. p. 394. est cultivé en pleine terre dans les pays chauds. & dans les serres, en d'autres climats en Eur. *citrus.* L. sp. 1100. *aurantia mala*, cam. epit. 150. *malus aurantia.* Bauh. pin. 436. (plante *alexitere*,

Auricula urfi, *l'Oreille d'Ours.* (*herb.*) Cluf. hist. 1. p. 303. t. 304. *sanicula alpina.* Bauh. pin. 241. *primula*, L. sp. 205. (plante *apéritive*,) elle croît sur les Pyrénées, au Mont-Ferrat & autres lieux montagneux & ombrageux, & souvent dans les endroits humides. Les Amateurs la cultivent dans les jardins pour la variété de ses couleurs.

Azederac, *le faux Sicomore*, (*arb.*) Tourn. 387. Lem. dict.107. *pseudo Sycomorus*, Matth. 232. Cam. epit. 181. *azederach sempervirens & florens*, Tourn. inst. 616. *arbor fraxini folio, flore caeruleo.* Bauh. pin. 415. *olea malabrica, fraxini folio.* Pluk. alm. 269. t. 247. f. 1. (remede extérieur,) sa fleur est apéritive, prise en infusion : croît en Italie, en Espagne, dans les Indes.

B.

Ballote, *le Marube noir, le Marube puant, la Ballote*, (*herbe*) Matth. 601. T. pl. 85. Fuchs. hist. 15. Caesalp, plante 445. Lem. dict. 108. *marrubium nigrum faetidum*, Bauh. pin. 230.

ballota, Lin. sp. 814. (plante *histérique*,) croît dans les lieux ombrageux, contre les murailles, dans les haies, au bords des chemins, en Eur.

Balfamina , *la Belsamine*, (*herb.*) Matth. 884. t. 235. Bauh. pin. 305. Dod. pempt. 671. Lem. dict. 108. Chom. hist. t. 2. p. 388. *impatiens*, L. sp. 1328. Fl. suec. 722. 792. Dalib. Paris. 270. *noli me tangere*, Col. ecphr. 1. p.149. t. 150. (plante *vulnèraire détersive*,) vient de la Chine & des Indes! elle est cultivée en Eur. dans les jardins.

Barba caprae, *le Barbe de Chévre*, (*herb.*) Lem. dict. 114. Chom. hist. t. 1. p. 340. T. pl. 141. Bauh. pin. 163. Cam. hort. 26. t. 9. 44. *spiraea.* Lin. sp. 702. *aruncus*, hort. cliff. 463. (plante *diaphorétique*,) croît aux lieux humides, dans les bois, sur les montagnes en Eur.

Barbajovis, (*arbuste.*) T. pl. 419. Lem. dict. 114. *barba jovis cretica linariae folio. Flore luteo-parvo.* Tourn. Cor. 44. Riv. tetr. *anthyllis*, Lin. sp. 1014. (plante *apéritive*,) croît proche la mer, aux lieux pierreux & montagneux, autour de la Méditéranée.

Batatas , *la Batate*, (*herb.*) Lem. dict. 116. Bauh. pin. 91. *convolvulus, batatas*, Lin. sp. 220. *camotes* acostae, *batatas hispanorum*, Lob. plante des Indes dont le fruit sert d'aliment. (*vertus indécises*,) croît dans les Indes.

Beccabunga , *le Mouron d'eau*, (*herb.*) Chom. t. 2. p. 237. Betula major. Tabern. hist. 1094. *anagalis aquatiqua major) minorque,) folio subrotundo.* Bauh. pin. 252. *veronica aquatica major, folio subrotundo* Moris hist. (*antiscorbutique*,) croît au bord des Rivieres & des ruisseaux, proches des fontaines, en Eur.

Behén, *le Behen*, (*herb.*) Lem. dict. 118. Behem *album.* C. *polemonium saxatile, fabaria folio ficulum.* Bocc. musc. 133. t. 92. *cucubalus faborius* Lin. sp. 591. *lichinis sylvestris, quae behen alcum vulgo.* Bauh. pin. 205. (plante *carminative*,) on apporte les racines séches du Mont-Liban & d'autres endroits de Syrie;

le Behen rouge vient auſſi du même endroit, coupé par tranches comme le jalap.

Belladona , *la Belledone*, (*herb.*) Matth. 986. Tourn. pl. 13. Lem. dict. 119. Chom. hist. t. 3. p. 164. Bar. Ic. 1173. *atropa*, Lin. ſp. 260. (*remèdes extérieurs,*) croît dans les bois, contre les murailles , en Eur.

Bellis, *la Paquerette*, ou *Paſquette*, (*herb.*) Matth. 653. T. pl. 280. Lin. ſp. 1248. Mat. Med. 405. hort. cliff. 418. Bauh. pin. 267. Dalib. Paris 264. (plante *vulnéraire aſtringente,*) croît dans les prés & aux lieux humides, en Eur.

Berberis , *l'Epine-vinette* , (*arbuſt.*) Fuſch. hiſt. 286. Lem. dict. 121. Tourn. el. pl. 385. Lin. ſp. 471. Mat. Méd. 190. Gron. Orient. 120. *creſpinus Matthioli Cæſalp.* (plante *vulnéraire aſtringente* ,) croît aux lieux incultes, dans les buiſſons , en Eur.

Beta , *la Poirée blanche ou reparée*, (*herb.*) Matth. 370. Tourn. pl. 286. Lin. ſp. 322. Mill. dict. Bauh. pin. 118. Lem. dict. 122. Chom. t. 3. p. 19. (plante *émoliente*,) eſt cultivée dans les jardins.

Betonica , *la Bétoine* , (*herb.*) Matth. 671. Tourn. pl. 96. Lin. ſp. 810. Roy. Lugd-B. 316. Fl. ſuec. 487. 515. Bauh. pin. 235. Lem. dict. 123. *veronica*, *cord. in dioſc.* [plante *céphalique* ,] croît aux lieux ombrageux , dans les bois & dans les prés , & dans les jardins en Eur.

Betula , *le bouleau*, [*arb.*] Matth. 132. Tourn. pl. 360. Lem. dict. 124. Chom. hiſt. t. 1. 319. Lin. ſp. 1393. Hort. cliff. 442. Roy. Lugd-B. 85. Bauh. pin. 427. (plant. *apéritive,*) cet arbre croît dans les bois aux lieux rudes & humides.

Bidens, *l'Eupatoire femelle, bâtarde, ou Bident,* (*herb.*) Lem. dict. 116. Chom. Tourn. 264. Lin. ſp. 1165. Fl. lapp. 294. *canabina aquatica folio tripatito diviſo.* Bauh. pin. 321. *heupatorium aquatile*, Dod. pempt. 595. (pl. *errine*,) croît aux lieux humides & marécageux en Eur.

Biſtorta , *la Biſtorte* , (*herb.*) Matth. 674. T. pl. 291. Bauh. pin. 192. Cam. epit. 683. Lem. dict. 128. Chom. hiſt. t. 1. p. 298. ſo-

lygonum, Lin. ſp. 516. Mat. Méd. 188. (pl. *vulnéraire aſtringente* ,) croît aux lieux humides , montagneux & ombrageux, en Eur.

Blattaria, *l'herbe aux mites , ou la mitiere ,* (*herb.*) Fuſch. hiſt. 102. Tourn. pl. 61. Bauh. pin. 240. 241. Lem. dict. 130. *verbaſcum blatatria* , Lin. ſp. 254. Hort. Upſ. 46. (plante *apéritive,*) croît en terre graſſe, dans les jardins , au bord des rivieres & des ruiſſeaux, en Eur.

Blitum, *la blette*, (*herb.*) Fuſch. hiſt. 99. Matth. 357. Tourn. pl. 288. Lin. ſp. 6. *Atriplex ſylveſtris* , Bauh. pin. 119. (plante *émoliente* ,) on la cultive dans les jardins.

Boletus , *Morille de Comus*, (*champ.*) Lem. dict. 132. Tour. pl. 329. Lin. ſp. 1645. (*vertus indécifes,*) on les trouve ſur le tronc des vieux arbres, ſur-tout ſur les vieux bouleaux, en Eur.

Borrago , *la Bourache ou Bouroche*, (*herb.*) Matth. 825. Tourn. pl. 53. Lem. dict. 138. Chom. hiſt. t. 1. p. 134. Lin. ſp. 197. Mat. Méd. 63. *Bugloſſum latifolium*, Bauh. pin. 256. (plante *béchique*,) on la cultive dans les jardins , croît dans les champs aux pays chauds.

Botryx, *le Seneçon velu* ou *Piment* , (*herb.*) Matth. 620. Lem. dict. 139. *chenopodium* , Tourn. el. 288. Lin. ſp. 318. *lapathum unctuoſum*, Bauh. pin. 115. *bonus henricus. B. Hiſt. 2. p. 965.* (plante *hiſtérique* ,) croît en Europe dans les lieux incultes , aux endroits humides près des ruiſſeaux.

Braſſica, *le Choux* , (*herb.*) Matth. 367. Bauh. pin. 89. Tourn. el. 206. Lem. dict. 140. *napus ſilveſtris* , Bauh. pin. 95. *caula rapum,* Cam. epit. 251. (plante *béchique*,) cultivée dans les jardins.

Brunella, *la Brunelle* ou petite *Conſoude* , T. el. 114. Bauh. pin. 160. Dod. pempt. 136. *prunella* , Lin. ſp. 837. *conſolida minor,* Matth. 684. (plante *vulnéraire aſtringente* ,) croît dans les bois, dans les prés ; aux lieux pierreux , en Eur.

Bryonia , *la Bryone* ou *Couluvrée* , (*arbriſ.*) Matth. 883. Tourn. el. 28. Lem. dict. 143.

Lin. fp. 1438. Mat. Med. 448. Dalib. Paris, 296. Bauh. pin. 297. *vitis alba baccis nigris.* Fufch. Hift. Cam. epit. 987. (plante *purgative*,) au tour des hameaux, dans les haies, en Eur.

Buglolfum, *la Bugloffe*, *la Gripe*, *la Granelle*, (*herb.*) Matth. 625. Tourn. pl. 53. Bauh. pin. 256. *anchufa*, Lin. fp. 191. Roy. Lugd.-B. 406. *lithofpermum villofum.* Mat. Med. 58. *Echium.* Ital. Fufch. Icon. (plante *béchique*,) croît dans les champs en Provence, & pays chauds; on la cultive dans les jardins.

Bugula, *le Bugle* ou *Confoude moyenne*, (*herb.*) Tourn. 98. Dod. pempt. 135. *ajuga*, Lin. fp. 783. *Confolada media pratenfis cærulea.* Bauh. pin. 260. *teucrium*, Hort. cliff. 301. *prunella cærulea*, Trag. (plante *vulnéraire aftringente*,) croît dans les prés en Eu r.

Bulbocodium, *le Narciffe des bois* ou *Aiau*, (*herd.*) Hort. eliff. 133. Roy. Lugd.-B. 41. *narciffus luteus fylveftris*, Dod. *narciffus fylveftris pallidus calice luteo*, Bauh. pin. 58. T. (*la racine purgative & apéritive*,) croît au bord des champs, dans les prés, en Eur.

Bulbocaftanum, *le Terrenoix*, (*herb.*) Bauh. pin. 162. Tour. el. 161. Lem. dict. 148. *Bunium* Lin. fp. 349. Hort. cliff. 91. *nucula terreftris*, Lob. Hift. 429. *Bulbus fylveftris*, Gef. hort. (plant. *vulnéraire aftringente*,) croît dans les lieux humides & daus les terres à bled, en Eur.

Buphtalmum, *l'Œil de Bœuf*, (*herb.*) Matth. 685. Tourn. el. 522. Lem. dict. 149. Chom. t. 8. 418. Lin. fp. 1173. *after luteus* Bauh. pin. 266. *chryfantemum*, Moris hift. 3. p. 21. &c. (plant. *vulnéraire aftringente*,) croît dans les champs, au bords des chemins, dans les fentiers, en Eur.

Buplevcum, *le Percefuille*, (*herb.*) Tourn. el. 163. Lem. dict. 149. Chom. 2. 3. 302. Lin. fp. 340. *perfoliata alpina*, Bauh. pin. 277. Dod. pempt. 104. *auricula leporis* Bauh. Hift. 3. p. 200. (*vulnéraire uftringente*,) croît fur les collines en Provence, en Languedoc & en Suiffe.

Burfa-pactoris, *le Tabouret*, la Bource à berger, ou la *Malete*, (*herb.*) Matth. 429. Bauh. pin. 108. Tourn. el. 103. Lem. dict. 150. Chom. t. 2. 144. *thlafpi*, Lin. fp. 903. *herba cancri*, Ger. (plant. *fébrifuge*,) croît dans les champs, dans les jardins & aux lieux incultes & déferts.

Butomus, *le Jonc fleuri*, (*herb.*) Tourn. el. 143. Lem. dict. 150. Lin. fp. 532. *juncus floridus major.* Bauh. pin. 112. *gladiolus aquatilis.* Dod. pempt. 600. *gladiolus paluftris.* Cord. Hift. (plante *déterfive apive*,) croît pans les marais, dans les prés humides en Eur.

Buxus, *le Buis*, (*arbufte.*) Matth. 169. Bauh. pin. 471. Tourn. el. 345. Lem. dict. 151. Chom. t. 1. 356. Dod. pempt. 782. Lin. fp. 1395. (plante *diaphorétique fudorifique*,) dans l'Europe Méridionale & cultivée dans les jardins.

C.

Cacalia, *le Tuffilage des Alpes*, (*herb.*) Matth. 823. Tourn. el. 258. Lem. dict. 152. Lob. Icon. 592. Lin. fp. 1171. *cacalia foliis cutaneis acutioribus & glabriis.* Bauh. pin. 198. *cacalia glabro folio.* Cluf. hift. 2. pl. 15. *tuffilago alpina*, Dalech. Lugd-B. (plante *adouciffante, émolliente*,) croît fur les montagnes, dans l'Europe Méridionale.

Cacaos, *le Cacao*, (*arbufte*) Cluf. exot. 55. Geoffr. Mat. Méd. 405. Lem. dict. 152. Chom. t. 2. 122. *Theobroma*, Lin. fp. 1100. *amygdalis fimilis guatimalenfis*, Bauh. pin. 442. (plant. *ftomachique*,) dans l'Amérique Méridionale, aux Antilles.

Cacavi, *le Caffave* ou Maniho, ou Pain de Madacafcar, (*arbufte*) Lem. dict. 151. *maniho Indorum*, Bauh. pin. 90. Plut. alm. 24. t. 205. f. 1. *jatropa.* Lin. fp. 1429. *yucca & eaffari*, Bauh. Hift. 2. p. 794. (*vertus indécifes*,) dans les Indes.

Cachrys, *le Cacris* ou *l'Amarinthe*, (*herbe.* Matth. 575. Tourn. el. 172. Lin. fp. 3554 Sauv. Monfp. 105. Roy. Lugd-B. 99. *libonatis ferulæ folio.* Bauh. pin. 158. (*vertus iddécifes*,) croît en Efpagne, en Cicile, & dans la

France méridionale.

Cafo, *le Café*, (*arbufte*) Lem. 155. *coffea* Lin. fp. 245. Amœn.Acad. 6. *jafminum Arabicum*, juff. act. 1713. p. 388. t. 7. Till. pif. 87. t. 32. (plante *ftomachique*,) vient de Moca, & actuellement de l'Amérique, où on le cultive.

Calamintha, *le Calament*, (*herbe.*) Matth. 528. Bauh. pin. 228. Tourn. el. 92. Lem. dict. 161. Chom. t. 1.30. *Meliffa*, Lin. fp. 827. Mat. Med. 295. Sauv. Monfp. 147. *nepeta montana* , Cord. in diofc. (plant. *céphalique*,) croît aux lieux montagneux & pierreux, en Eur.

Calcatripa, *le Pied d'Alouete*. (*herbe*) Cord. hift. Lem. dict. 161. *confolida regalis hortenfis*, Bauh. pin. 172. *Delfinium hortenfe*. T. el. 241. Lin. fp. 748. hort. cliff. 212. *Fl. regius* , Dod. pempt. 252. (plant. *hiftérique* ,) on la cultive dans les jardins de fleurs.

Calceolis, *le Sabot*, ou *le Soulier Notre-Dame*, (*herbe*) Tourn. el. 249. Lem. dict. 163. Dod. pempt. 180. f. 1.2. Gmel.Sib. 1. p. 5. *cypridemium*. Lin. fp. 1346. Fl. fuec. 735. 820. *helleborine flore rotundo*. Bauh. pin. 187. (plante *vulnéraire déterfive* ,) croît dans les Montagnes , dans les Forêts , dans les Bois élevés.

Calcitrapa, *le Chauffe-Trape*, ou *Chardon étoilé*, (*herb.*) Lem. dict. 161. Chom. hift. t. 290. Vaill. act. 1718. p. 212. *centaurea calcitrapa*. Lin. fp. 1297. *carduus ftellatus five calcitrapa* Bauh. hift. 3. p. 89. *polyacantha* , Cord. hift. (plante *apéritive* ,) croît dans les champs, Près des Villes.

Caltha, *le Souci* , (*herbe.*) Matth. 894. Bauh. pin. 276. Tourn. el. 284. Lem. dict. 164. Chom. hift. t. 1. 222. Lin. fp. 784. *calendula*, Dod. pempt. *Clyzenum* , *Diofcoridis* , *Col- populago*, Tabern. 10. 750. (plant. *hiftérique* ,) croît dans les jardins , & lieux humides , en Eur.

Campanula , *la Campanule*, la gantelée , le grand Notre-Dame, (*herb.*) Bauh. pin. 94. Tourn. el. 37. Lem. dict. 169. Lin. fp. 235. *Trachilium* , Dod. Gal. *vvularia major*. Traj.

campanula major. Fuch. hift.136. (plante *vulnéraire déterfive* ,) croît dans les prés , le long des vallées , aux lieux fombres.

Cannabis, *le Chanvre* , (*herbe.*) Matth. 663. Bauh. pin. 310. Tourn. el. 309. Mat. Méd. 457. *Cannapus* , Ger. (plante *hépatique*,) eft cultivée en Europe.

Cannacorus , le BALIZIER ou *Canne d'Inde* ; (*herbe*) Tourn. el. 19:. Lem. dict. 178. Dill. elth. 69. t. 59. f. 69. *canna*, Lin. fp. 1. *arundo indica*, Bauh. pin. 19. Lob. (plante *apéritive diurétique* ,) elle croît aux lieux humides , dans les Pays chauds.

Capparis, *le Cáprier* , (*arbufte.*) Bauh. pin. 480. Tourn. el. 139. Lem. dict. 180. Mat. Méd. 259. Chom.t. 1. 285. (plant. *apéritive diurétique* ,) dans l'Europe Méridionale. On la cultive en Provence.

Caprifolium , *le Chèvre-feuil* , (*arbufte.* Matth. 691. Tourn. el. 378. Lem. dict. 183. Chom. t. 2. p. 387. *lonicera* , Lin. fp. 247. *periclymenum*, Bauh. pin. 451. (plante *vulnéraire déterfive* ,) on la cultive dans les jardins , vient dans l'Europe Méridionale.

Capficum, *le Piment*, poivre-long, corail de jardin , (*herb.*) Tourn. el. 66. Lem. dict. 184. Chom. t. 1. 198. Lin. fp. 270. Roy. Lugd-B. 426. Mat. Méd. 96. *piger indicum* , Bauh. pin. 102. (plante *errine* ,) eft cultivée dans les jardins , vient des Indes.

Carcapuli, *l'Arbre de la Gomme-Gutte*. (arb. Acoftæ, Lem. dict. 187. *cambogia* , Lin. fp. 728. Mat. Méd. 257. *coddampuli*, hort. Malab. Reed. mal. 1. p. 41. t. 24. (plante *hiftérique*,) en Amérique.

Cardamindum, *la Capucine*, (*herb.*) Tourn. el. 244. Lem. dict. 128. Chom. t. 2. 256. Feuill. peruv. 3. p. 14. 1. 2. *nafturium indicum*, Bauh. pin. 306. *tropæolum* , Lin. fp. 490. hort. Ups. 93. (*antifcorbutique*,) vient de l'Amérique. On la cultive dans les jardins.

Cardamine, *la Cardamine* ou *Creffon de prés* , ou pafferage fauvage , (*herb.*) Tourn. el. 109. Lem. dict. 189. Lin. fp. 913. *nafturium* pratenfe, Bauh. pin. 44. Morif. præl. 290. (plant. anti-fcorbutique & aþéritive,) croît dans les prés & autres lieux humides, en Eur.

Cardamomum, la Maniguette ou Grains de Paradis, (herb.) Matth. 27. L. dict. 189. Chom. t. 1. 404. grana paradifi, Bauh. pin. 413. malaguetta, Garz. amomum, Lin. fp. 2. (plant. alexitaire ou cordiale,) nous vient des Indes.

Cardiaca, l'Agripaume, (herb.) Matth. 790. Fufch. hift. 395. Lem. dict. 190. Chom. t. 1. 400. leonorus, Lin. fp. 817. marrubium cardiacum, Bauh. pin. 230. meliffa filveftris, Traq. (plant. alexitere,) croît aux lieux incultes & pierreux, contre les haies, au pied des murailles, en Eur.

Carduus Benedictus, le Chardon béni, (herb.) Matth. 495. Tourn. el. 253. Lem. dict. 191. Chom. dict. t. 1. p. 336. Cam. epit. 562. carduus filveftris hirfutus f. carduus benedictus. Bauh. pin. 378. atractilis hirfutior Fufch. centaurea benedicta, Lin. fp. 1296. (plante diaphorétique, fudorifique,) croît en Efpagne, en Italie. On la cultive dans les jardins.

Carduus-Marianus, le Chardon Marie, herb.) Dalech. hift. 1475. Lem. dict. 191. Chom. hift. t. 1. p. 339. Lin. fp. 1153. fpina alba hortenfis, Fufch. Dod. Gal. (plant. diaphorétique, fudorifique,) elle croît aux lieux incultes. On la cultive auffi dans les jardins.

Carlina, la Carline ou le Cameleon, la chardonerette, (herb.) Bauh. pin. 38. Tourn. el. 285. Lem. dict. 193. Lin. fp. 1160. Mat. Méd. 378. cameleon, Cluf. hift. 2. p. 155. fpina arabica, Dod. col. (plant. fudorifique apéritive,) elle croît aux lieux montueux, au Mont d'or en Auvergne, fur les Alpes & dans les Pyrénées.

Carpinus, le Charme ou Charmille, (arb.) Matth. 135. Tourn. el. 348. Lem. dict. 194. Lin. fp. 1417. Roy Lugd-B. 80. oftrya ulmo, Bauh. pin. 427. fagus fepium vulgò oftry Theophr. (plant. aftringente,) en Europe.

Carthamus, le Safran bâtard ou cartame,

(herb.) Matth. 888. Tourn. el. 258. Lem. dict. 195. Chom. t. 1. 15. Lin. fp. 1162. Mat. Méd. 377. hort. cliff. 394. cnicus fativus. Bauh. pin. 378. cnicus vulgaris, Cluf. hift. 2. p. 152. (plante purgative,) eft cultivée en Alface, en Provence, & vient d'Alexandrie.

Carvi, le Carvi ou Sifon, (herb. Bauh. pin. 158. Tourn. el. 160. Sefeli. Lin. fp. 374. [la femence carminative,] croît dans les terres graffes, dans les prés, dans les jardins, fur-tout en Provence, en Languedoc, & dans les Pays chauds.

Cariophilata, la Benoite, la Galliote, [herb.] Matth. 693. Bauh. pin. 321. Tourn. el. 151. Dod. pempt. 137. Lem. dict. 196. Chom. t. 2. 140. geum, Lin. fp. 716. benedicta, Gefn. hort. (plante cephalique;) croît aux lieux incultes, fombres, contre les haies, en Eur.

Caryophilus, l'Œllet, (herb.) Matth. 436. T. el. 174. Lem. dict. 197. Chom. hift. t. 1. p. 387. Lin. fp. 755. Mat. Méd. 26. Bauh. pin. 410. [plante cephalique & alexitere,) eft cultivée dans les jardins.

Caffia, la Caffe (arb.) Matth. 50. Tourn. el. 391. Lem. dict. 198. Chom. t. 1. p. 59. Lin. fp. 537. Fl. zeyl. 153. canna fiftula. Acofta caffia nigra, Dod. 787. (plant. purgative,) croît dans le Levant, & en Egypte. Elle nous vient d'Alexandrie.

Caffida, la Toque, (herb.) Tourn. el. 84. Lem. dict. 100. Raj. Angl. 3. p. 244. fcutellaria, Lin. fp. 835. J. B. lamium peregrinum. Bauh. pin. 131. (plante vulneraire aperitive) croît aux lieux montagneux, humides & dans les bois, en Eur.

Caftanea, le Châtaignier (arb.) Matth. 133. Bauh. pin. 418. 419. Tourn. el. 352. Lem. dict. 209. Chom. t. 2. 337. (plant. aftringente,) en Eur.

Catanance, le faux Bluet (herb.) Tourn. el. 271. Lem. dict. 205. Lin. fp. 1142. Sacv. Monfp. 308. chondrilla cœrulea, Bauh. pin. 130. Dod. pempt. 638. fefamoides parvum, Matth. 847. (plante vulneraire aperitive,) croît dans les champs ; en Europe.

Cataria, *la Chataire*, (*herb.*) Tourn. el. 95. Dod. pempt. 99. *mentha cataria*, Bauh. pin. 2 8. *nepeta*, Lin. fp. 797. (plante *hiftéri-que*,) croît dans les champs : en Eur.

Caucalis, *la Cocalice-Girouille*, la *Codile lai-teufe*, (*herb.*) Matth. 404. Tourn. el. 171. Lin. fp. 346. hort. cliff. 91. *echinophora pycnocarpos, an diofcoridis gingidium*, column. ecphr. 1. p. 91. t. 94. (plante *hiftérique*,) croît aux lieux incultes, en Eur.

Cedrus, *le Cédre*. (*arb.*) Matth. 121. Tourn. el. 361. Bauh. pin. 490. Raj. hift. 1404. Lem. dict. 111. *cedrus libani*, Edward. ornith. t. 188. Barr. Ic. 499 *pinus cedrus*, Lin. fp. 1420. (plante *fudorifique*,) croît fur les montagnes en Syrie, au Mont Liban. (*fa racine eft réfo-lutive.*)

Celtis, *le Micocoulier ou Micacoulier*, (*arb.*) Tourn. el. 304. Lem. dict. 213. Lin. fp. 1478. hort. cliff. 39. *lotus fructu cerafi*, Bauh. pin. 447. *lotus arbor.* Lob. ic. 186. (plant. *aftrin-gente*,) croît aux Pays chauds, en Eur.

Centaurium, *la grande Centaurée*, (*herb.*) Matth. 487. Bauh. pin. 117. Tour. el. 256. Cluf. hift. 2. p. 10. Lem. dict. 214. Chom. hift. t. 1. 188. *centaurea*, Lin. fp. 1287. (plante *hépatique*,) croît aux lieux mon-tagneux, en Eur.

Centaurium minus, *la petite Centaurée*, (*herb.*) Matth. 488. Bauh. pin. 178. Tourn. el. 48. Lem. dict. 214. Vaill. Paris 32. t. 6. f. 2. Chom. t. 2. 136. *felterræ*, Ger. *gentiana centaurium*. Lin. fp. 332. (plant. *fébrifuge*,) croît dans les terres féches & fabloneufes, en Eur.

Cepa, *l'Oignon*, (*herb.*) Bauh. pin. 71. Tourn. el. 205. Lem. dict. 215. Chom. t. p. 292. hort. cliff. 137. Roy. Lugd-B. 40. *allium cepa*, Lin. fp. 431. Mat. Méd. 166. (plante *diurétique*,) on la cultive dans les jardins.

Cepa afcalonica, *l'Oignon de Provence*, (*herb.*) Morif. hift. 2. p. 383. f. 4. t. 14. f. 3. *allium efcolonicum*, Lin. fp. 429. *cepa fterillis*, Bauh. pin. 72. *cepa foliis fubulatis radicibus oblon-gis conglobatis.* (plante *diurétique*,) vient

de la Paleftine. On la cultive en Provence.

Cerinthe, *le Melinet*, (*herb.*) Bauh. pin. 252. Tourn. el. 56. Lem. dict. 222. Lin. fp. 195. (plante *vulneraire & aftringente*,) croît aux lieux ombrageux & montueux, en Eur.

Cerofolium, *le Cerfeuil*, (*herb.*) Matth. 402. *chærophyllum*, Tourn. el. 166. Bauh. pin. 160. Lin. fp. 390. *cerefolium*, Lem. dict. 219. Chom. t. 2. 183. (plante *hépatique, apéritive*,) on la cultive dans les jardins.

Camæbalanus, *le Magjon*, la *Vefce fauvage*, (*herb.*) Dod. pempt. J. Bauh. hift. Lem. dict. 228. *lathyrus arvenfis repens tuberofis*, Bauh. pin. 344. Lin. fp. 1033. *apios*, Fuch. hift. 131. (plante *aftringente*,) croît au bord des chemins, parmi les bleds, en Suiffe, vers Genève, en Provence, en Tartarie.

Chamæbatus, *la Ronce fans épines*, (*arbufte.*) Lem. dict. 229. Trag. *rubus idæus lævis.* Bauh. pin. 479. *rubus hircinus*, Tab. Icon. (plante *déterfive vulnéraire*,) croît aux lieux montueux, parmi les pierres, en Eur.

Chamæcerafus, *le Cerifier nain ou Camerifier*, (*arbufte*) Matth. 198. T. el. 379. Bauh. pin. 451. Lem. dict. 224. *lonicera*, Lin. fp. 247. (pl. *vomitive*,) quatre ou cinq grains de fon fruit, purgent très-violemment. Croît aux Pyrénées, fur les Alpes, & en plufieurs endroits en Europe parmi les pierres.

Chamædris, *la Germandrée ou Chamedrée, ou petit Chêne*, (*herb.*) Matth. 597. Bauh. pin. 248. Tourn. el. 97. Lem. dict. 229. Chom. t. 2. 131. *teucrium*, Lin. fp. 790. (plant. *fébrifuge*,) elle eft auffi fudorifique & vulnéraire ; elle croît dans les bois, aux lieux incultes & pierreux, en Eur.

Chamælea, *la Camelée*, (*herb.*) Matth. 871. Bauh. pin. 462. Tourn. el. 421. Lem. dict. 230. *cneorum*, Lin. fp. 49. *thymelæa foliis lini*, Bauh. pin. 463. *garou ou timelée*, Chom. t. 1. p. 56. (plant. *purgative*;) ce purgatif eft très-violent, & on ne s'en fert plus. Elle croît aux lieux déferts & incultes, dans les endroits efcarpés, en Eur.

Chamæmelum, *la Camomille*, (*herb.*) Matth.

649. Tourn. el. 281. Bauh. pin. 135. Lem. dict. 231. Chom. t. 2. p. 222. *cneorum*, Lin. sp. 49. (plant. *fébrifuge*.) Elle a aussi d'autres vertus ; elle est de trois espéces, dans les Plantes d'usage, *chamæmelus vulgare*, *chamæmelus odoratum*, ou camomille Romaine, & *chamæmelus fœtidum*, ou camomille maroutte. Elle croît aux lieux montagneux, dans les jardins.

Chamæpitys, *Livete*, (herb. Matth. 66 9. Bauh. pin. 249. Tourn. el. 98. Lem. dict. 232. Chom. hist. t. 2. p. 413. *teucrium*, Lin. sp. 787. *ajuga siue chamæpitys*, Dioscor. (pl. *vulneraire apéritive*,) croît en Provence, en Languedoc, & autres lieux parmi les pierres, aux lieux secs & stériles.

Chamæsice, *le petit Titimale*, [herb.] Matth. 869. Bauh. pin. 298. Lem. dict. 233. Cluf. hist. 2. p. 187. *tithymalus exiguus glaber numulariæ folio*. Tourn. [plant. *détersive*,] elle croît aux lieux pierreux, secs & arides, dans les vignobles & sur les montagnes, en Eur.

Chelidonium, *la grande Célidoine*, *l'Eclaire*, *la Felongne*, [herb.] Matth. 468. Bauh. pin. 144. Tourn. el. 116. Lem. dict. 235. Chom. t. 2. p. 79. Lin. sp. 723. *hirundinaria major*. Lob. cast. [plante *ophtalmique*,) croît dans les haies, dans les fentes des murailles & des vieux édifices, en Eur.

Chenopodium, *la Patte d'Oie*, [herb.] Tourn. el. 288. Lem. dict. 235. Lin. sp. 318. *atriplex silvestris latifolia*. Bauh. pin. 119. *pes anserinus*, Fuch. 352. [*vertus indécises*,] elle fait mourir les cochons qui en mangent, croît le long des vieilles murailles & sur les chemins, en Eur.

Chondrilla, *la Condrille*, (herb.) Matth. 392. Bauh. pin. 130. Tourn. el. 116. Lem. dict. 240. Lin. sp. 1120. [plant. *adoucissante*, *apéritive*,] croît dans les champs, au bord des chemins, en Eur.

Christophoriana, *l'herbe de Saint Christophle*, [herb.] Tourn. el. 154. Lem. dict. 241. *aconitum baciferum*. Bauh. pin. 183. *actea*, Lin. sp. 722. [*remèdes extérieurs*,] croît dans les bois montagneux, en Eur.

Chrysantemum, *la Fleur dorée*, ou *l'Orfleur*; [herb.] Math. 738. T. el. 280. L. dict. 241. L. sp. 1251. [*vulnéraire détersive*,] dans les jardins.

Chrysosplenium, *le Saxifrage doré*, [herb.] Tourn. el. 60. Lem. dict. 241. Lin. sp. 569. *saxifraga rotundi folia aurea*. Bauh. pin. 309. [plante *hépatique*,] croît dans les marais, au bord des ruisseaux & lieux humides & ombrageux, sur les montagnes, en Eur.

Cicer, *le Pois chiche*, (herb.) Matth. 335. Bauh. pin. 347. Tourn. el. 210. Lin. sp. 1040. Lem. dict. 242. Chom. t. 1. p. 195. [plant. *apéritive*,] croît en Espagne. On la cultive en Provence, en Italie & en Languedoc.

Cichorium, *la Chicorée sauvage*, [herb.] Matth. 387. Bauh. pin. 126. Tourn. el. 272. Chom. t. 1. p. 263. Lin. sp. 1142. [plant. *apéritive diurétique*,] est cultivée dans les jardins. On la trouve communément dans les prés.

Cicuta, *la Cigue*. [herb.] Matth. 771. Tourn. el. 171. Lem. dict. 144. Chom. r. 3. 95. *cicuta major*, Bauh. pin. 160. *conium*, Lin. sp. 350. *cicutaria vulgaris*, Cluf. hist. [plant. *assoupissantes*, *remèdes extérieurs*,] Elles croissent dans les endroits ombrageux, dans les prés, quelquefois parmi le cerfeuil, en Europe.

Cicutaria, *la petite Cigue*, [herb.] Tourn. el. 171. *circuta minor petroselino simili*. Bauh. pin. 160. *cicutaria fatua*, adv. *quæ minus fœtida*. Lob. *æthusa*. Lin. sp. 367. [*remèdes extérieur*,] croît comme la précédente.

Cinaria, *l'Artichaud*, [herb.] Tourn. el. 253. Bauh. pin. 383. Lem. dict. 246. Chom. hist. t. 1. p. 316. Lin. sp. 1159. *carduus ortensis*. J. B. hist. Cef. hort. [plante *cordiale apéritive*,] est cultivée dans les jardins.

Circæa, *l'herbe Saint Etienne*, (herb.) Matth. 616. Tourn. el. 155. Lem. dict. 249. Lin. sp. 12. *solani folia*, *circæa dicta major*. Bauh. pin. 123. *lappa sylvestris*. Trag. *helexine sylvestris*, *sive fluviatilis*. Thal. *herba D. stephani*. Tab. [plante *vulnéraire détersive*,] croît aux lieux ombrageux, humides, dans les bois, en Europe.

Cirfium, *le Chardon aux ânes* ou hemortoïdal, [herb.] Matth. 817. T. el. 255. Lem. dict. 250. Ch. hift. t. 3. p. 69. *cirfium maximum, afphodeli radice.* Bauh. pin. 377. *carduus.* Lin. fp. 1155. (plaute *réfolutive*,] croît aux lieux montagneux & humides, en Eur.

Ciftus, *le Cifte*, [arb.] Matth. 157. Tourn. el. 136. Bauh. pin. 464. Lin. fp. 736. 19. *ladanum creticum*, Alp. exot. 86. t. 88. [plant. *aftringente*,] croît aux lieux pierreux, principalement dans les Pays chauds.

Citreum, *le Citronnier* [arb.] Tourn. 396. Lem. dict. 251. Chom. hift. 1. p. 391 *citreus*, Lin. fp. 1201. Ang. Tab. Cæf. *citria* Traq. *malus medica.* Bauh. pin. 435. *limones*, Lob. ic. 143. [plante *alexitère*,] eft cultivée dans les Pays chauds.

Clematitis, *l'Herbe aux Gueux*, [herb.] Matth. 680. Tourn. el. 150. Lem. dict. 253. *clematis*, Bauh. pin. 300. Lin. fp. 766. [pl *réfolutive*,] croît au bord des chemins, entre les épines & les buiffons, en Eur.

Clynopodium, *le faux Bafilic.* [herb.] Matth. 595. Bauh. pin. 125. Tonrn. el. 92. Lem. dict. 254. *thymus*, Lin. fp. 826. [plante *aftringente*,] croît dans les bois, le long des haies, en Eur.

Clymenum, *la Geffe d'Efpagne*, [herb.) Matth. 690. Tourn. el. 218. inft. 396. *latyrus*, Lin. fp. 1033. [plant. *nourriffante*,] croît en Efpagne. On la cultive en Provence, en Languedoc, en Italie.

Cochlearea, *le Cochlearia* ou herbe aux cuilleres, (herb.) Matth. 380. Bauh. pin. 110 Tourn. el. 101. Lem. 258. Chom. t. 2. p. 232. Lin. fp. 903. [plant. *anti-fcorbutique*,] croît aux lieux maritimes, ombrageux, en Europe. On la cultive dans les jardins.

Colchicum, *le Colchique*, tue-chien, (herb.) Matth. 777. Bauh. pin. 67. Tourn. el. 182. Lem. dict. 259. Lin. fp. 485. [*remèdes extérieurs*,] croît dans les prés, fur les montagnes, en Eur.

Colchicum-minus, *le petit Colchique* ou hermodacte, [herb.] Matth. 778. Chom. hift.

t. 1. p. 86. *colchicum minus malignum five hermodactylus officin.* Bauh. hift. t. 2. p. 558. *hermodactylus officin.* Park. *colchicum radice ficcata albâ*, Bauh. pin. 66. [plant. *purgative*,] croît en Syrie, d'où on l'apporte en Europe. *Le Colchique commun*, croît en Eur.

Colocafia, *la Feve d'Efpagne.* (herb.) Matth. 339. Cluf. hift. 2. p. 75. *avum maximum ægiptium*, Bauh. pin. 195. *arum colocafia*, Lin. fp. 1368. [plant. *aftringente*,] elle croît dans les lacs, au bord des marais en Egypte, & en Alexandrie.

Colochintys, *la Coloquinte.* (herb.) Matth. 877. Bauh. pin. 313. Lem. dict. 160. Chom. hift. t. 1. p. 96. *cucumis colochintis*, Lin. fp. 1435. [plante *purgative* :] on cultive cette plante dans plufieurs endroits du Levant ; on la cultives auffi dans les jardins, en Eur.

Colutea, *le Bagnaudier*, [arbufte.] Matth. 572. Bauh. pin. 376. Tourn. el. 418. Lem. dict. 263. Chom. hift. t. 1. p. 62. Lin. fp. 1045. [plant. *purgative*,] on la cultive dans les jardins, vient en Italie.

Confolida major, *la grande Confoude*, oreille d'âne, [herb.] Matth. 663. Brunf. ger. trag. 240. *fymphytum confolida major.* Bauh. pin. 259. *fymphitum officinale.* Lin. fp. 198. Tourn. el. 56. Lem. dict. 850. Chom. hift. t. 2. p. 283. [plant. *aftringente*,] croît aux lieux humides, le long des ruiffeaux, dans les prés, en Europe. On fe fert de cette plante dans le crachement de fang.

Confolida minor, *la petite Confoude. Vide Brunella.*

Cofolida regalis, *le Pied d'Allouette, vide Delphinium.*

Convolvulus, *le grand Liferon* ou lizet, (herb.) Bauh. pin. 294. Tourn. el. 17. Lem. dict. 265. Chom. t. 1. p. 58. Lin. fp. 218. [plant. *purgative*,] croît dans les haies, entre les arbriffeaux, en Eur.

Coniza, *l'Herbe aux Moucherons*, [herb.] Matth. 629. Bauh. pin. 265. Tourn. el. 259. Lem. dict. 265. Lin. fp. 1205. [plante *hyftérique*,) croît dans les bois, fur les montagnes, le long des chemins, contre les marais, en Eur.

On donnera la fuite de la préfente Table dans le Cahier fuivant.   Corallina

PLANTES

PURGATIVES D'USAGE.

JE n'entre ici dans aucun détail pour préparer le Lecteur : mon but est de bien représenter les Plantes que je vais donner, & d'en décrire les vertus le mieux qu'il me sera possible, d'après nos plus habiles Médecins. Je joins à chaque Table, comme on l'a déja dit dans la Préface, Linneus en entier, qui a très-bien détaillé les diverses espéces de Plantes, cité les Auteurs qui les ont données, & ajoûté des remarques essentielles qu'il a faites lui-même dans chaque genre. Je crois mieux faire de ne le pas traduire, ce qui seroit inutile aux Étudians en Médecine & aux Étrangers, & pour bien des personnes : mais mes Observations particulières seront en François, ce qui contentera tous les Amateurs. J'observe seulement ici, que comme Linneus a voulu soumettre toutes les Plantes dans son Systême Sexuel, lorsqu'il a rencontré des variétés dans un genre, ou dans les espéces de ce genre, qui ne s'accordoient point à la forme, au nombre des étamines qu'il vouloit adopter, alors sous le caractère de *Nomina triviala*, & de *Verbum synonimum*, il les a dispersées dans les classes où chacune de ces Plantes avoient le plus de rapport ; pour remédier à cela, je les tirerai, ces Plantes dispersées, en citant l'endroit où elles se trouvent & je les assemblerai ici ; c'est ce que l'on va voir dans les Tables suivantes.

RHABARBARUM ET RHAPONTICUM.

LA RHUBARBE ET LE RAPONTIC.

LA RHUBARBE (*Planche 1*) *Rhabarbarum*, ainsi nommée par Matthiole ; Tournefort, Lemery, Géoffroid ; &c. *Lapatum*, par Dillenius & Breynius ; *Rheum* selon Linneus, & *Ribes* par C. Bauhin, est une Plante purgative fort en usage.

LE RAPONTIC (*Planche 2e*) *Rhaponticum*, ainsi nommé par Matthiole ; C. Bauhin, Lemery, Chomel & *Rhabarbarum* par C. Bauhin, & que Linneus nomme *Reum Rhaponticum*, est aussi une espéce de Rhubarbe

La Rhubarbe & le Rapontic sont actuellement communs. On les cultive en plusieurs jardins, & nous pouvons les mettre avec les Plantes d'usage : on se sert de leurs racines au défaut de celles qui nous sont portées du lieu de leur naissance, lesquelles ont toujours bien plus de vertu. Elles nous viennent séches de Perse & de la Chine où elles se cultivent. Lorsqu'on retire cette racine de la terre, on lui ôte sa premiere écorce, & une petite membrane mince & jaunâtre qui est dessous ; puis on la perce d'outre en outre, & on l'enfile dans une corde de jonc pour la suspendre & la faire sécher à l'air. Il arrive quelquefois que quand elles sont trop épaisses, elles séchent en dehors & pourrissent en dedans : c'est pourquoi dans les piéces de Rhubarbe un peu grosses, on est souvent trompé, & on trouve l'intérieur gâté quand on vient à les rompre, quoiqu'elles ayent eu la plus belle apparence : on n'en peut guères sauver alors qu'un travers de doigt d'épaisseur sur la partie extérieure de la racine. Les racines séches & préparées de Rhubarbe doivent être noueuses, moyennement dures & pesantes : elles doivent avoir la surface unie & jaune en dedans ; & lorsqu'on les casse, elles doivent être plus brunes & de couleur de noix-muscade ; & étant infusées, elles doivent rendre une teinture jaune & safranée. Les Chinois ont trois espèces de Rhubarbe ; une dont la racine est longue & de couleur rougeâtre ; l'autre dont les morceaux sont succulens & d'un rouge verdâtre ; & la troisiéme, qui est très-résineuse & rougeâtre. Les unes & les autres croissent dans cette partie de la Tartarie, qui est peu éloignée des murailles, ou limites de la Chine. On apporte en France trois sortes de Rhubarbe : l'une du Levant, par la voie de Marseille, qui est celle de Perse, & la meilleure ; l'autre de la Moscovie, qui ressemble assez à celle-ci ; & la troisième, de la Chine, par les Vaisseaux de la Compagnie des Indes.

Dans le tems de disette de Rhubarbe, on s'est servi du Rapontic. M. LÉMERY croit que cette Rhubarbe ici, que nous pourrions cultiver, est de même une vraie Rhubarbe que nous ne sçavons pas cueillir dans sa saison, ni apprêter comme les Tartares & les Chinois. Le Marchands frelatent la Rhubarbe, en faisant fondre dans de la cire jaune de la poudre de Rhubarbe, dont ils font un mastic pour boucher les carieures & vermoulures des vieilles racines de Rhubarbe ; ainsi qu'ils sçavent multiplier le Musc. Le Rapontic croît dans les lieux humides, dans les marais ; aussi sur les montagnes, dans les lieux frais où séjournent les troupeaux.

Le nom de *Rhabarbarum* dérive de celui d'une Riviere de Moscovie, anciennement appellée *Rha*, & nommée présentement Wolga ; & de *Barbarum*, Barbares ; parce que cette Plante croît sur les bords de cette Rivière, où habitoient les premiers Moscovites, ainsi nommés par d'autres Nations alors plus policées ; mais il est plus probable que la racine appellée *Rha* par les Moscovites, abondante alors, comme elle est aujourd'hui encore, sur les bords du Wolga, avoit donné le nom de *Rha* à la Rivière dont il s'agit.

Le Rapontic a ses fleurs en grappes & fort abondantes comme la Rhubarbe. Ces fleurs se ressemblent assez : celles du Rapontic sont plus grosses. *LA FLEUR* A. B. a son *calice* D. fort mince & membraneux, divisé en quatre dents aigues ; sa *corolle* est monopétale, le limbe est divisé en six, & les feuillés sont alternativement plus longs & plus courts : les *Etamines* F. sont au nombre de huit ou neuf ; les *filets* très-courts & les *antheres* longues, spatulaires. Le *pistile* E. est enfoncé & sans poil ; le

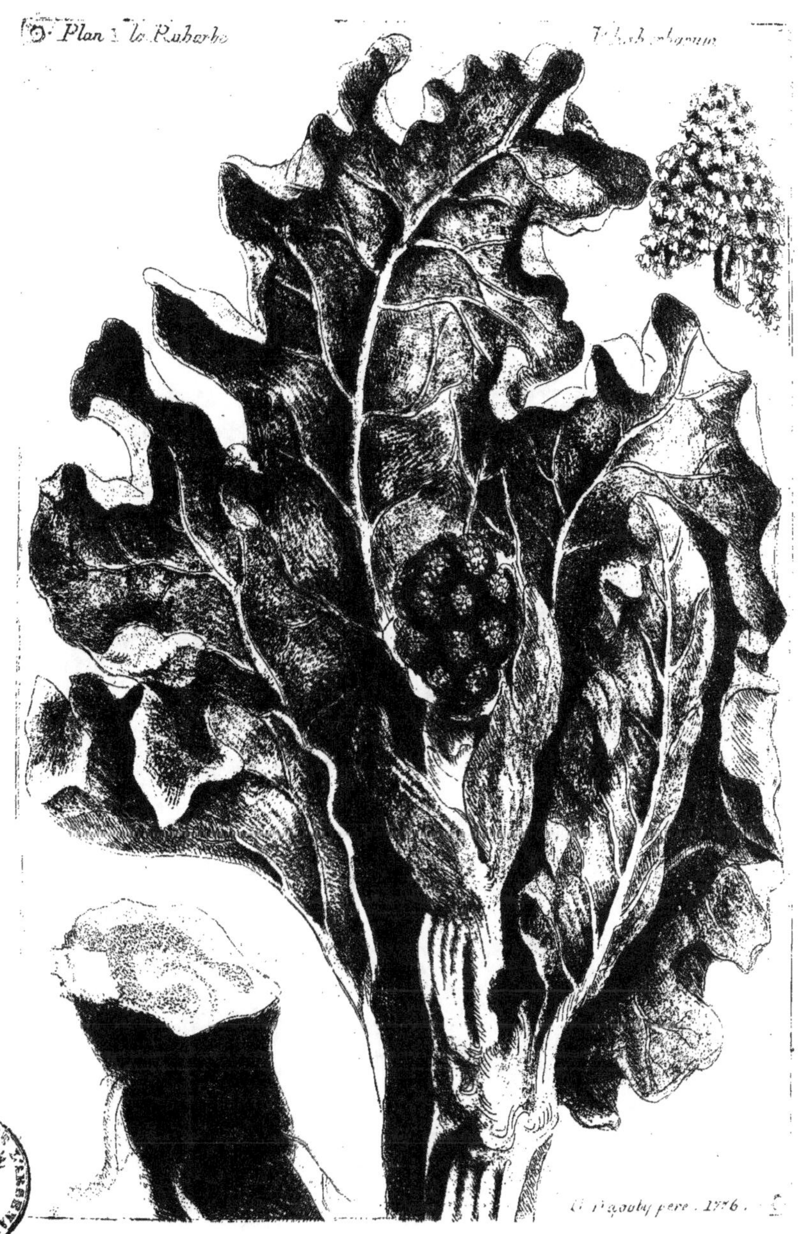

Plan : la Rubarbe
Rheum rhaponticum
G. Paouly père . 1776 .

ſtigma eſt compoſé de trois plumes recourbées. Dans la figure du Rapontic il eſt vû en grand, à la Loupe, de même que la fleur & le calice.

Le Fruit E. eſt une graine triangulaire qui ſe forme du piſtile, & qui a des membranes ſur ſes angles qui la cerclent verticalement.

Les Feuilles de la Rhubarbe ſont en feuilles de choux friſé, à groſſes côtes, creuſes & friſées, faites en chapeau Catalan: en grandiſſant elles deviennent moins friſées & platés. Leur attache eſt cannelée avec des bords friſés. Les feuilles au contraire du Rapontic, ſont faites en cœur, à grandes queues cannelées & rouges; les feuilles ont leur contour uni, un peu ondelé & à groſſes côtes rougeâtres. Les tiges des deux Rhubarbes ſont cannelées, ébranchées, portant des feuilles plus petites que celles qui ſortent de la racine.

La Racine F. de la Rhubarbe & du Rapontic ſont ſemblables; ces ſortes de racines ont une ou deux raves nodeuſes, jaunes en dehors dans leur naiſſance, & brunes enſuite, & en dedans jaunes & pâles, & enſuite rouge-brun. La ſubſtance de la racine eſt charnue & un peu ſpongieuſe, d'un goût un peu amer, de l'odeur que nous connoiſſons à la Rhubarbe & viſqueuſe.

V E R T U S.

La Rhubarbe, non-ſeulement purge la bile, mais encore la pituite; elle nettoye le foie & fortifie l'eſtomac; elle purifie & clarifie le ſang. C'eſt le ſentiment de Dioscoride. Elle purge avec douceur les humeurs bilieuſes, & rétablit le reſſort des fibres inteſtinales lorſqu'elles ont été relâchées par des flux de ventre & des lienteries: elle détruit les vers auxquels les enfans ſont ſujets; on la donne pour cet effet en infuſion avec un peu de Régliſſe. L'infuſion de deux gros de Rhubarbe coupée par morceaux & miſe dans un linge, dans une livre d'eau de chicorée ſauvage, & priſe enſuite à la doſe de quatre onces après avoir preſſé le nouet, c'eſt un aſſez bon remède pour les fièvres longues & opiniâtres.

L'uſage de cette racine ne convient pas dans l'ardeur des urines, ni dans les maladies où il y a diſpoſition inflammatoire dans le bas-ventre. La manière la plus ordinaire de l'employer, eſt d'en donner la préparation, qu'on appelle *Catholicum double de Rhubarbe*, à une once, délayée dans une once d'eau de plantin. La racine du Rapontic en poudre & frottée ſur la peau, facilite la guériſon de la gale aux hommes, & celle du farcin aux chevaux. C. *Bauhin.* La Rhubarbe entre dans *les Catholicum*, dans la *Confection Hamec*, dans *l'Electuaire de* Pſyllio, dans *l'Electuaire béni de* Schroder, dans *l'Extrait Panchimagogue* de Crolius & d'Arthman, dans *l'Extrait Catholique de* Sennert, dans les *Pillules Panchimagogues* de Quercetan, le Syrop Magiſtral, &c.

Q U A L I T É S.

La Rhubarbe contient deux ſortes de ſubſtances, une ſaline & huileuſe qui eſt purgative, & une terreſtre qui eſt aſtringente.

4

LINNEUS

GENERA PLANTARUM.

Rheum 401.

CAlyx nullus nisi spathas vagas partiales velis. Corolla A. monopetala , basi angusta, impervias, limpo sexfida ; laciniis obtusis, alternis minoribus. Stamina , F. filamenta novem , capilaria corollæ inserta , ejusdemque longitudine. Antheræ didymæ, oblongæ , obtusæ. Pistilum. E, Germen breve, triquetrum, Styli vix ulli. stigmatà tria , reflexa , plumosa.

SPECIES PLANTARUM

Enneandria trigynia. 531.

1. RHEUM. [*Rhaponticum] foliis glabris, petiolis subsulcatis.
Rheum. foliis glabris. Hort. Upf. 98. Mat. Méd. 198.
Rheum. Hort. cliff. 155.
Rhaponticum Alp. Rapont. 1. t. 1.
Rhaponticum folio lapathi majoris glabro. Bauh. Pin. 116.
Habitat in Thracia, Scythia , Monte aureo, [perennes.] Petioli subtus sulcati, quod non in sequenti specie.

2. RHEUM. [* undulatum] foliis subvillosis undulatis petiolis æqualibus. Amæn. Acad. 3. p. 211. t. 4.
Rheum. foliis subvillosis. Hort. Upf. 98. Mat. Med. 197.
Rhabarbarum folio oblongo crispo undulato, flagellis sparsis. Geoffr. Mat. 1. page 125.
Rhabarbarum Sinense, folio crispo flagellis rarioribus & minoribus. Amm. herb. 206.
Rhabarbarum folio longiori hirsuto crispo , florum thyrso longiori & tenuiori Amm. Ruth. 6.
Acetosa Montana , folio cubitali oblongiore crispo floribus in subviridi luteolis. Messerchmidii. Amm. Ruth. 226.
Habitat in China , Sibiria [perennes.]

3. RHEUM. (* palmatum] foliis palmatis acuminatis.

Habitat id China ad murum. a. Dav. Gortero [Perennes.]
Gemma vernans non rubescens , sed flavescens. Folia scabriuscula. Foliorum laciniæ oblongæ acutiusculæ.

4. RHEUM. [* compactum] foliis sublobatis obtusissimis glaberrimis argute denticulatis glabris.
Rheum foliis cordatis glabris marginibus sinuatis, spicis divisis nutantibus. Mill. dict. t. 218. Habitat in Tartaria, in China, [perennes.)
Folia magis quam reliqua, coriacea s. Compacta: Lobis rotundatis , obsoletioribus , crenatis margine cartilagineo acutis denticulis , utrinque glaberrimis , venis robustioribus. Paniculæ rami nutantes.

5. RHEUM. [* Ribes] foliis granulatis petiolis , æqualibus, Gron. Orient. 130.
Lapathum orientale , aspero & verrucoso folio , Ribes Arabibus dictum Dill. elht. 191. t. 158. f. 192.
Lapathum orientale tomentosum rotundifolium, Ribes arabum dictum Breyn. E. N. C. cent. 7. p. 7.
Lapathum , orientale asperum , folio subrotundo fructu magno purpureo. Pocock. Orient. 189. t. 84.
Ribes Arabum Rauw. it. 266, 282.
Ribes Arabum, foliis petasitidis. Bauh. Pin. 455. Habitat in Persia , Libano, [peren.]
Flores hujus speciei non vidi. Facies suadet hujus generis esse.

* Les Rhubarbes & les Rapontics suivants , sont rejettés des espéces ci-dessus.

Hexandria trigynia Rumex. 481.

Rhabarbarum Monachorum. Mat. med. 178. Habitat in Helvetia, Gallia austr. [biennes.]

Syngenesia : Polyg. Centaurea , 1294.

Rhaponticum, folio. Helenii incano. Matth. 476. Bauh. Pin. 117.
Rhaponticum angusti folium incanum, Bauh. Pin. 117. Hall.
Habitat in Alpibus Helvet. Veronæ.

Plan. II le Rapontic
Rhaponti cum
F
C
D
E
A
B

5

CASSIA ET SENNA.

LA CASSE ET LE SÉNÉ.

PLANCHES III.

LA CASSE [*plan. III. fig.* 1.] *Caffia*, ainfi nommée par Matthiole, Bauhin, Dodart, Tournefort, & que Linneus nomme *Caffia fiftula* 14. eft une filique noire & dure, longue quelquefois de deux pieds, & un peu plus groffe qu'une canne ordinaire. Il y en a de plus courtes jufqu'à quatre ou cinq pouces, qui ont à-peu-près la même groffeur. Elles font compofées de deux coffes, tellement jointes en-femble, qu'on ne peut les féparer qu'en caffant leurs jointures. L'intérieur de ces filiques eft divifé par des cloifons minces affez dures, qui forment des cellules enduites d'une fubftance mielleufe ou moëlleufe, fort noire, extrêmement douce, qui eft la matière dont on fe fert dansles Médecines. Chaque cellule contient une femence groffe comme un lupin, plate & prefque ronde, de couleur jaunâtre. Cette filique eft le fruit d'un grand arbre & fort gros, qui croît en Egypte, dans les Indes & en d'autres lieux : il eft revêtu d'une écorce cendrée, intérieurement verte, ayant le goût aftringent : fes feuilles font formées à-peu-près comme celles du noyer & d'un beau verd ; elles naiffent de cinq en cinq, fur un pédicule, comme on voit dans cette figure ici, & quelquefois en plus grand nombre, toujours impair comme les feuilles de Séné : fes *fleurs* font faites comme celles du Séné, en rofe, compofées de cinq *petales*, dont l'inférieure eft la plus allongée ; elles font jaunes, portant dix *étamines* : les trois inférieures font recourbées & alongées, avec des grandes *antheres* arquées, tranfver-fales & arrondies par leurs extrémités, veloutées. [*fig.* 1. a.] *Le Piftile* a un Stile qui furpaffe les étamines & fuit leur direction en fe courbant ; les quatre étamines latérales ont auffi des groffes antheres, & les trois fupérieures font plus courtes avec des petites antheres. *Le Calice* de cette fleur eft pentaphyle, large, concave, coloré, & tombe facilement.

Quand ces fleurs font paffées, les bâtons de Caffe croiffent & fe durciffent, de forte qu'au moindre vent ils balancent & fe cognent réciproquement, & font fouvent tant de bruit dans les grands vents, qu'on les entend de bien loin.

La meilleure Caffe eft celle qui vient du Levant ; il faut la choifir nouvelle, en bâtons affez gros, unis, entiers & pefants, ne fonnant point quand on les fecoue : il faut auffi obferver que l'écorce foit de couleur obfcure & luifante, que les cellules contiennent beaucoup de pulpes d'une bonne confiftance, ni trop humides, ni trop féches, fe féparant facilement de l'écorce, & la laiffant nette ; ce pulpe doit être bien noir, d'une odeur douce, exempte d'aigreur & d'un fucre agréable. Cette forte de Caffe eft rare, & on eft obligé de fe fervir communément de celle d'Egypte

& des Antilles. Celle du Levant & d'Egypte, nous vient par Marseille ; & celle des Antilles, par Diepe & la Rochelle.

Dans les endroits qui produifent la Caffe, on confit les filiques jeunes & tendres, au miel ou au fucre, que l'on mange pour lâcher le ventre & purger fans incommodité. On nomme cette confiture *caneficie*, & en Latin *canificium*. Ce qu'il y a de fingulier dans l'efpéce de Caffes, c'eft qu'il en croît une forte dans le Bréfil, qui eft groffe comme le bras, que C. Bauhin nomme *Caffia fiftula Brafilianæ*, qui eft aftringente & d'une qualité oppofée à celles de notre Continent. Cette Caffe eft très-rare en France.

V E R T U S.

L'extrait de Caffe eft la moëlle ou pulpe tirée du bâton & mondée : elle doit être employée en peu de tems, fans quoi elle s'aigrit & caufe des tranchées. Alors, il vaut mieux fe fervir des Bâtons concaffés & bouillis. La dofe ordinaire de l'Extrait de Caffe, ou de la Caffe mondée, eft d'une once ou dix gros. Il y a peu de purgatif plus doux ; c'eft pour cela qu'on l'ordonne quelquefois en bol à demi-once ou cinq gros pour lâcher le ventre. La moëlle de la Caffe donne fon nom à l'Electuaire de Caffe ; elle entre dans le Lenitif fin, le Diaprun, la Confection Hamec, & dans l'Electuaire de Pfyllio.

Le Sené d'*Alexandrie*, que les Arabes nomment *Abalzemer*, [*fig. 3. même plan.*] *Senna*, ainfi nommé par Matth. Tourn. que Bauhin nomme *Senna Alexandrina foliis acutis* ; & que Linneus nomme *Caffia Senna*; c'eft un petit arbriffeau qui pouffe des tiges de la hauteur d'environ deux pieds, ligneufes, qui portent des queues greffes, garnies des deux côtés de feuilles oppofées comme celles du Régliffe ; oblongues, pointues, d'un verd jaunâtre. Ses fleurs [*dans la fig. 4.*] font compofées de cinq feuilles ou *petales*, difpofées en rofe comme celles de la Caffe, que l'on a démontrées; ayant de même dix *étamines* de diverfes longueurs, & un piftile recourbé. La petale inférieure eft auffi plus longue que les autres, qui font faites en cuillere creufe & tiennent un peu des fleurs légumineufes. Cette forme extraordinaire des fleurs légumineufes, propre à celles du Caffier & du Séné, a forcé Tournefort & Linneus, dans leurs fyftêmes, qui ne font fondés que fur les petales & fur le nombre & la fituation des étamines, de féparer les efpéces de Séné, & de joindre dans la même fection avec le Syringa la Caffe, le Séné d'Alexandrie & d'Italie, [*Tourn.*] Et dans la même claffe, avec l'Arboufier la Caffe auffi & les mêmes Sénés [*Linn.*], pendant qu'ils mettent le Bagnaudier & la Coronille, qui font des Sénés auffi, avec l'Acacia dans une autre claffe, [*Tourn.*] & avec ces mêmes arbriffeaux, la Vefce & le Pois chiche tout enfemble. [*Linn.*] Ce qui jette de la confufion dans la Botanique. Cet arbriffeau croît en Egypte, en Arabie & en Perfe.

Le Séné d'*Italie*, *Senna Italia foliis obtufis*, Bauh. Pin. [*Fig. 4. même plan.*] eft comme le précédent ; mais les feuilles font plus grandes, plus larges, plus ner-

Plan. III. la Casse et le Séné
Cassia et Senna
fig 2
fig 3
fig 1
fig 4
fig 5
G. Day

veufes , & obtufes par leur extrémité. Cette efpéce croît en Italie , & en plufieurs autres lieux de l'Europe Méridionale.

Les Follicules de Séné, [*dans les Figures* 3 *&* 4.] c. d. font des filiques membraneufes , courtes & applaties , de couleur verd-obfcur , contenant les femences du Séné , qui font femblables à des grains de raifin , d'un blanc jaunâtre , ou noires , féparées par de petites cloifons ; les follicules fe forment du piftile de la fleur , & font également courbées & en demi-lune.

On trouve chéz les Apothicaires trois fortes de Séné ; le premier & le meilleur eft appellé de *Seyde* ou de la *Plate*, à caufe du droit de Plate que cette drogue paye au Grand-Seigneur. La feconde efpéce , eft celüi d'*Alexandrie* , ou de *Tripoli*, qui eft celui que nous avons décrit ; il eft plus verd & moins odorant que le précédent , & rend moins de teinture ; on croit qu'il a moins de qualité. La troifiéme efpéce eft celle qu'on nomme de *Moca* , parce qu'il vient d'Arabie : on l'appelle auffi de la *Pique*, à caufe de la figure de fes feuilles ; [*fig.* 5. *même plan.*] On doit choifir les feuilles de Séné récentes & entieres , ou celles qui font les moins brifées , & les plus nettes , d'un verd jaune , d'une odeur forte & d'un goût vifqueux & défagréable , donnant une forte teinture. Les follicules doivent être choifies grandes , récentes , entieres , & d'un verd jaune-brun ou verd-fale.

VERTUS.

Les feuilles de Séné purgent par bas les humeurs ; étant prifes en poudre , en décoction ou en infufion ; c'eft le purgatif le plus en ufage & l'un des plus furs dans fon opération : on préfere quelquefois les follicules de Séné aux feuilles. La dofe dans les Médecines , eft ordinairement depuis un gros jufqu'à deux , pour infufer dans demi-fetier d'eau. On peut doubler les dofes & augmenter l'eau dans lequel on fait infufer le Séné , lorfqu'on veut le prendre en maniere de tifanne laxative , en la prenant à plufieurs reprifes. On ajoute ordinairement au Séné , quelque femence aromatique , comme l'Anis , la Canelle , ou quelque Sel fixe , comme le Sel végétal , foit pour adoucir fon âcreté , foit pour faciliter fon action ; on corrige auffi fa faveur défagréable par des fucs acides de Citron , de Verjus ou autres.

Le Séné en poudre , fe prend depuis un fcrupule jufqu'à demi-gros , dans des bols ou opiat ; mais rarement , à caufe de fon volume. On en fait auffi un extrait qu'on donne depuis un fcrupule jufqu'à une dragme.

Cette Plante purge affez bien les humeurs , comme on vient de dire ; mais on ne doit pas s'en fervir dans les hémorrhoïdes , ni dans les maladies de poitrine , non-plus que dans les difpofitions inflammatoires : elle entre dans la plûpart des Electuaires purgatifs , entr'autres dans le *Lenitif*, le *Catholicon*, la *Confection Hamec* ; les *Tablettes de Citro*, l'*Electuaire de Tamarins* d'Horchius , l'*Extrait Penchimagogue* de Crollius , la *Poudre Artritique* de Paracelfe , &c. Il a donné le nom à l'*Electuaire de Séné*. Les follicules s'emploient dans les *pilules tartarées* de Quercetan.

8

LINNEUS,

Genera Plantarum. Decandria Monoginia.

CASSIA. 408.

CAlix, *Perianthium pentaphyllum ; laxum, concavum, coloratum, deciduum. Corolla petala quinque, subrotunda, concava, inferiora magis distantia, patentiora majora. Stamen, filamenta decem, declinata, tria inferiora longiora, tria superiora breviora. Antheræ inferiores tres maximæ arcutæ, rostratæ apice dehiscentes, laterales quatuor absque rostro, dehiscentes, supremæ tres minimæ, vix fæcundæ. Pistilum germen teretiusculum longum pedunculatum, stylus brevissimus stigma obtusum, assurgens. Legumen, pericarp. oblongum, dissepimentis transversis. Semen plura, subrotunda, margini valvarum superiori affina.*
Obs. *In plura distribuerunt genus hocce Botanici E. G. Cassiæ legumen oblongum, dissepimentis integrit. Sennæ legumen gibbum, inflexum.*

SPECIES PLANTARUM

Decandria Monoginia 537. Cassia.
SENNÆ.

1. CASSIA. [* Diphylla] *foliis conjugis stipulis cordato lanceolatis.*
Habitat in India [annuas.]
2. CASSIA [*apsus] *foliis bijugis subovatis, glandulis duabus subulatis inter infima.* Fl. Zeyl. 153.
Senna quadrifolia siliqua plana hirfuta, flore aureo sanguineo. Burm. Zeyl. 221. t. 97.
Senna exigua maderaspatana tetraphylla siliquefera glabra, florum pediculis ad exortum foliorum propendentibus. Pluk. alm. 391. t. 60. L. 1.
Loto affinis Ægyptiaca. Bauh. pin. 332.
Apsus. Alp. Ægypto. 97.
Habitat in India, Ægypto. [annuas]
3. CASSIA (*Viminea.) *foliis bijugis ovato-oblongis acuminatis glandula oblunga inter infima, spinis subpetiolaribus obsoletis tridentatis,* Amœn. Acad. 5. p. 397. Læf. it. 232.

Cassia viminea, foliis ovatis acuminatis bijugatis, racemis laxis alaribus, siliquis brevioribus compressis. Brown. Jam. 223.
Habitat in Jamaica (fruticantes.)
4. CASSIA (*Agera) *foliis trijugis, glandula petiolati, stipulis ciliatis cordatis acuminatis.*
Cassia Senna spuria, tetraphylla arborescens, siliquis tenuibus longissimis pendulis. Amm. herb. 603. n. 33.
Tagera. Rheed. Mal. 2. p. 103. Raj. hist. 1743.
Habitat in India.
Fruticulus procumbens : Ramis filisformibus. Petioli brevissimi, Foliola quatuor, semi-orcubiculata, Venosa, quorum duo exteriora majora. Stipulæ cordatæ s. Cordatæ - Lanceolatæ margine pilosæ.
5. CASSIA (*Tora) *foliis trijugis obovatis, exterioribus majoribus. Glandula subulata inter inferiora quatuor.*. Roy. Ludg-B. 468. Fl. Zeyl. 152. hort. Ups. 100. Mill. dict. 1. 82.
Cassia Siliqua quadrangulari. Dill. Elth. 72. t. 63. f. 73.
Cassia Humilis, filiqui fænigræci. Plum. Spec. 18. t. 76. f. 2.
Senna Orientalis, hexaphylla, Tala Zeylonensium. Herm. Lugd-B. 557 Raj. hist. 1743.
Sena Orientalis hexaphylla, siliquis longis incurvis. Pluk. Alm. 342.
Galega Indica minor hexaphyllos Amanni. Raj. hist. 911.
Habitat in India (annua.)
Caules & petioli scabri. Stipulæ lineares, acuminatæ, pilosæ. Glandulæ acuminatæ, apice fuscæ, inter singula paria 2. inferiora, non vero inter extimum parsitæ.
Varietas differt siliqua recurva, an species distincta.
6. CASSIA (*Bicapsularis) *foliis trijugis obovatis glabris, interioribus rotundioribus minoribus, glandula interjecta globosa.* Hort. cliff. 159. Hort. Ups. 100. Roy. Lugd-B. 468.
Cassia Hexaphylla, siliqua bicapsulari. Plum. Spec. 18. t. 76. f. 2.
Habitat in India, (fruticantes.)

Arborescens

Planche Bagnaudier
fig.1
fig.2

Arborescens est & glaberrima. Foliola interiora breviora. Siliquæ teretiusculæ, loculo duplici tereti.

7. CASSIA (* Emarginata) *foliis trijugis ovatis rotundatis, emarginatis æqualibus.* Hort. cliff. 159. Roy. Lugd-B. 467.

Caffia *minor hexaphylla fruticosa, Sennæ foliis.* Sloan. Jam. 146. hist. 2. p. 44. t. 180. &c. Raj. Dendr. 110.

Habitat in Caribæis. (fruticantes)

8. CASSIA (* Obtusifolia) *foliis trijugi ovatis, obtusiusculis.*

Caffia *minor herbacea plerumque hexaphylla, folio obtuso.* Sloan. Jam. 148. hist. 2. p. 47.

Gallinaria *rotundifolia.* Rumph. Amb. 5. p. 283. t. 97.

Habitat in Cuba (ann.)

9. CASSIA (*Senna) *foliis trijugis quadrijugisque subovatis.* Hort. cliff. 159. Mat. Med. 200. Roy. Lugd-B. 458.

Senna *Alexandrina f. foliis acutis.* Bauh. pin. 397. Morif. hist. 2. p. 200.

Senna *Italica f. foliis obtusis.* Bauh. pin. 397. Morif. hist. 2. p. 201.

Senna. Dod. pempt. 361.

Habitat in Ægypto. (annuas)

10. CASSIA (* falcata) *foliis quadrijugis ovato-lanceolatis retrofalcatis : glandula baseos petiolorum.* Hort. cliff. 159.

Habitat in Ægypto, (ann.)

11. CASSIA (* Occidentalis) *foliis quinquejugis ovato-lanceolatis margine scabris : exterioribus majoribus ; glandula baseos petiolorum.*

Caffia *foliolis quatuor parium ovato-lanceolatis, glandula baseos petiolorum.* Hort. cliff. 159.

Senna *Occidentalis, odore opii viroso, orobi pannonici foliis mucronatis, glabra.* Comm. Hort. 1. p. 51. t. 26.

Habitat in Jamaïca.

Caulis *Sesquipedalis, punctis vagis scaber, exaratus deorsum à singulo petiolo sulcis duobus.* Folia *superiora foliolis quinque parium ovato-lanceolatis, glabris, margine scabris, acuminatis, exterioribus sensim majoribus, fœtidis.* Racemus *terminalis.* Flores *lutei absque macula.* Folia *impuberis plantæ quinque juga ; adultæ tantum trijuga.*

12. CASSIA (* pilosa) *foliis quemquejugis eglandulatis, stipulis semicordatis acuminatis, caule stricto piloso.*

Caffia *Suffruticosa erecta hirsuta, Floribus singularibus ad alas.* Brown. Jam. 224.

Habitat in Jamaïca.

Caulis *erectiusculus, fruticulosus.* Ramis *erectis, undique valde pilosis.* Folia *glabra.* Stipulæ *semicordatæ, acuminatæ, ciliatæ.* Folia *levia.* Pedunculis *erecti, gemini, uniflori, læves ;* Siliquæ *oblonge compressæ.* Flores *circiter pentandris.*

13. CASSIA (* Planisiliqua) *foliis quinque jugis ovato-lanceolatis glabris.* Glandula *baseos petiolorum.* Roy. Lugd-B. 468.

Caffia *siliquis planis.* Plum. Spec. 18. t. 77.

Habitat in America calidiore.

14. CASSIA (* Fistula) *foliis quinquejugis ovatis acuminatis, glabris, petiolis eglandulatis.* Fl. Zeyl. 149. Mat. med. 199. Haffeq. it. 468.

Caffia *foliolis quinque parium lanceolatis : extimis minoribus.* Hort. cliff. 158.

Caffia *fistula Alexandrina.* Bauh. pin. 405. Comm. Hort. 1. p. 215. Rumph. Amb. 2. p. 83.

Conna Reed. Mal 1. p. 37. t. 21.

Habitat in India, Ægypto. (fruticantes.)

15. CASSIA (*biflora) *foliis sejugis oblongiusculis glabris : inferioribus minoribus, glandula subulata inter infima pedicellis subbifloris.* Hort. cliff. 159.

Caffia *biflora.* Amæn. Acad. 5. p. 397.

Caffia *fruticosa, foliis minoribus obovatis sexjugatis, floribus geminis f. Bigeminatis, racemis alaribus.* Brouwn. Jam. 223.

Caffia *minor arborescens, siliquis planis articulatis.* Plum. Spec. 18. Ic. 78. f. 1.

Habitat in America. (fruticantes.)

16. CASSIA (* hirsuta) *foliis sejugis ovatis acuminatis lanatis,* Hort. cliff. 139. Roy. Lugd-B. 467.

Caffia *Americana fœtida, foliis amplioribus villosis.* Tournef. inst. 619.

Senna *Occidentalis, odore opii viroso, foliis orobi pannonici mucronatis hirsutis.* Herm. Lugd-B. 556.

Habitat in America.

E

17. CASSIA (*Serpens) *foliiis septemjugis, Floribus pentandris, caulibus foliformibus proftrati herbaceis.*

Caffia *herbacea tenuiffima procumbens, floribus fingularibus ad alas.* Brown. Jam. 225.

Habitat in Jamaïca. (ann.)

Caules *filiformes, herbacei proftati, rarius ad bafin ramofi, glabri. Folia oblonga ftriata, anguftata. Stipulæ fubulatæ. Pedunculi axilares, folitarii, longitudine foliorum, nudi, horifontales. Siliquæ erecta, rhombeo-oblongæ, ad angulum rectum cum pedunculo pofitæ.*

18. CASSIA (*Liguftrina) *foliis septemjugis lanceolatis : extimis minoribus, glandula bafeos petiolorum.* Hort. cliff. 199. Hort. Upf. 100. Gron. vir. 47. Roy. Lugd-B. 467.

Caffia *liguftri folio.* Plum. fpec. 10. Dill. elth. 350. t. 259. f. 338.

Caffia *bahamenfis, pinnis foliorum mucronatis anguftis, calyce floris non reflexo.* Mart. cent. 21. t. 21.

Habitat in Virginia, Bahama. (fruticantes.)

19. CASSIA (* alata) *foliis octojugis ovali-oblongis : interioribus minoribus, petiolis eglardulofis, ftipulis patulis.* Hort. cliff. 158. Hort. Upf. 100. Roy. Lugd-B. 467.

Caffia *fylveftris fœtida, filiquis alatis.* plum. fpec. 18. 20. Faba dulcis. Mer. Surin. 58. t. 58.

Herpetica. Rumph. amb. 7. p. 35. t. 18.

Habitat in America *calidiore* (fruticantes)

21. CASSIA (*Marilandica.) *foliis octojugis ovato-oblongis æqualibus, glaudula bafeos petiolorum.* Hort. cliff. 159. Hort. Upf. 100. Roy. Lugd-B. 467.

Caffia *mimofæ foliis, filiqua hirfuta.* Dill. elth. 351. t. 160. f. 239.

Caffia *marilandica, pinnis foliorum oblongis, calyce floris reflexo.* Mart. cent. 23. t. 23.

Habitat in Virginia, mariland ia. (peren.)

Caulis & folia adfperfa pilis raris.

22. CASSIA (*tenuiffima.) *foliis novem jugis oblongis, glandula fubulata inter infima.* Roy. Lugd.-B. 478.

Senna *Spuria frutefcens filiquis tenuiffimis.* Houft. mff.

Habitat in Havana (frutic.)

22. CASSIA (*Sophera) *foliis decemiugis lanceolatis, glandula bafeos oblonga.* Fl. Zeyl. 150.

Senna *vingintifolia filiquis teretibus.* Burm. Zeyl. 2. t. 98.

Galegæ afinis. Bauh. pin. 352.

Gallinaria acutifolia. Rumph. amb. 5. p. 285.

Ponnam-tongera. Rheed. mal. 2. p. 101. t. 52.

Habitat in Indiæ umbrofis.

23. CASSIA (* auriculata) *foliis duodecim jugis obtufis mucronatis, glandulis fubulatis pluribus, ftipulis reniformibus barbatis.* Fl. Zeyl. 151.

Senna *Spuria maderaspatana, caule ad foliorum alas geminatis fubrotundis appendiculis auriculato.* Pluk. alm. 341. t. 314. f. 4. Raj. dendr. 110.

Habitat in India.

24. CASSIA (Javanica) *foliis duodecim-jugis oblongis obtufis, glabris, glandula nulla.*

Caffia *fiftula Javanica, flore carneo.* Comm. Hort. 1. p. 217. t. 111.

Caffia *foliis plurimis oblongis, flore rubello, filiquis maximis craffioribus trinerviis.* Brown. Jam. 223.

Caffia *fiftula Brafiliana.* Bauh. pin. 403.

Caffia *nigra f. fiftulofa fecunda* Sloan. Jam. 146. hift. 2. p. 44.

Habitat in Indiis.

Flores mihi non protulit.

** Chamæcriftæ foliolis numerofis.

25. CASSIA (* chamæcrifta) *foliis multijugis glandula petioli pedicellata, ftipulis enfiformibus.* Hort. Upf. 101.

Caffia *foliolis plurimum parium linearibus, ftipulis fubulatis.* Hort. cliff. 158. Gron. virg. 47.

Caffia *Suffruticofa erecta, foliolis linearibus plurimus, pinnatis, floribus fingularibus vel geminis fparfis.* Brown. Jam. 225.

Chamæcrifta *pavonis maior.* Comm. Hort. 1. p. 53. t. 37.

Habitat in Jamaïca, Barbados, (ann.)

Foliola 10. pedicellus fpatio fupra petiolum egrediens. Petala duo fuperiora macula purpurea Antheræ rubræ.

36. CASSIA (* glandulofa) *foliis multijugis multiglandulatis, ftipulis fubulatis.*

II

Chamæcrista Pavonis Americana, *siliqua multi-*
plici. Breyn. Cent. 64. t. 2 5.
Habitat in Jamaïca.

Caules, *suffruticosi ; ramis nudiusculis.* Foliola
lanceolata petiolo, inter singula paria, glandula
pedicellata notato.. Stipulæ subulatæ. Pedunculi *axilares foliorum, gemini, uniflori, folio*
breviores. Siliquæ orobi. Flores *circiter* hexan-
dri. *Antheris duabus longißimis.*

27. Cassia (* mimosoides) *foliis multijugis*
linearibus : glandula baseos petiolorum obso-
leta, stipulis setaceis. Fl. Zeyl. 154.
Habitat in Zeylona.

Petioli absque *glandula.* Caulis *non flexuosus.*
Stipulæ lanceolatæ, seta terminatæ.

28. Cassia (* Flexuosa) *foliis multijugis, sti-*
pulis dimidiato-cordatis.

Senna Spuria Occidentalis, *siliqua singulari.*
foliis herbæ mimosæ. Herm. Lugd-B. 558.
Sloan. Jam. 150. Raj. Suppl. 18.

Chamæcrista, *pavonis* Brasiliana, *siliqua singu-*
lari. Breyn. Cent. 65. t. 23.
Habitat in Brasilia. (ann.)

29. Cassia (* Nictitan.) *foliis multijugis, flori-*
bus pentandris caule erecta.

Cassia calycibus acutis, *floribus pentandris.*
Hort. cliff. 497. t. 6. Hort. Ups. 101.

Senna Spuria Virginiana mimosæ foliis, *floribus*
parvis nictitantibus. Pluk. Alm. 341. t. 314.
f. 3.

Amœna mœsta Rumph. Amb. 6. p. 147. t. 61.
f. 1.
Habitat in Virginia. (ann.)

Glandula petiolorum pedicellata & fusca. Pedunculi *sæpius tripartitis & triflori spatio supra*
alas enati.

30 Cassia (* Procumbens) *foliis multijugis*
procumbente.

Cassia *Americana procumbens herbacea, mimosæ*
foliis, floribus parvis, siliquis angustis planis.
Comm. Petrop. t. 11.

Chamæcrista *mariana, flore minore.* Pet. Sicc
243. n. 40.

Habitat in Indiis Virginiæ apricis siccis.(ann.)
Je n'ai rien excepté de toutes les espéces de
Casse & de Séné que Linneus reçoit dans
la même Section, par rapport au caractère
de leurs Fleurs. On a cependant vû quelques articles où les Fleurs n'ont pas le même
nombre d'étamines; ce qui est marqué ici
par le nom de *pentandris.*

Casses & Sénés rejettés par Linneus dans son
Species.

N I T R A R I A 638.
Dodecandria monogynia.

Cassia *fructu nigro.* Amm. Ruth. 156.
Habitat ad salsas aquas Vrunscinensis lacus,
Astrachanensis, volgæfinitimis. (frutic.)

O S Y R I S 1450.
Dioecia triandria.

Cassia Poëtica Monspeliensium. Cam. Epit. 26.
Lob. Ic. 432.

Cassia Latinorum. Alp. Exot. 41.

Cassia Monspelii dicta. Gem. Epist. 50.
Habitat in Italia, Hispania, Monspelii ;
Libano. (frutic.)

A R A C H I S 1041.
Diadelphia decandria.

Senna tetraphylla s. Absi congener hirsuta made-
ras-patensis, folliculos sub terra condens. Pluk.
Alm. 341. t. 60. f. 2.

Habitat Surinami, in Brasilia, Peru, (ann.)

COLUTEA, CORONILLA ET GENISTA.

LE BAGNAUDIER, L'EMERUS ET LE GENEST.

Ces trois Plantes peuvent être jointes ensemble & mises à la suite des Sénés, par rapport à leurs Vertus & à leur Caractère.

LE BAGNAUDIER, (*plan. IV. fig. 1.*) *Colutea*, ainsi nommé par Matthiole, Fuschius, Bauhin, Tournefort & Linneus, est un arbrisseau que plusieurs Auteurs ont rangé avec les espéces de Séné; Ruellius lui donne le nom de *Senna Mauritanorum*; Gesner, celui de *Senna Sylvestris*. Fuschius trouve très-peu de différence entre le Séné & le Bagnaudier. Il les met ensemble, & les confond par rapport à leurs vertus. Dans les Œuvres de Matthiole, commentées par Gaspard Bauhin, on trouve une critique du sentiment de cet Auteur, sur les vertus de cette Plante; parce que ses semences, suivant leurs sentimens, provoquent le vomissement comme celles du Genest.

Le bois du Bagnaudier est creux, à-peu-près comme celui du Sureau; mais plus dur & sans moëlle. Ce bois est couvert d'une double écorce, l'extérieure est cendrée, & l'intérieure verte; les feuilles sont posées sur des petites tiges, au nombre de neuf ou de onze, comme l'on voit dans la figure. 1. Elles ressemblent à celles du Séné; mais plus grandes & plus molles, plus obtuses & comme arrondies par leurs extrémités, formant une petite pointe; elle sont en dessus plus vertes que celles du Séné, unies en dessous & blanchâtres, d'un goût amer: la fleur est légumineuses (*a*) & jaune. Le *calice* (*a*) est fait en cloche, découpé à son extrémité en cinq dents presque égales; il reste après la chute des petales. La *Corolle* est sujette à des variations; les *petales* sont au nombre de cinq, quand la carine ou petale inférieure est divisée; les ailes fort courtes, resserrées, & la coëffe fort recourbée & resserrée aussi; les *étamines* sont au nombre de dix: neuf desquelles (*c*) sont attachées à un corps & entourent le pistile; & un autre (*d*) suit le pistile & son stigma & le recouvre. Linneus nomme cette distribution d'Etamines, *Diadelphia decandria*. Le pistile [*f*] est oblong, comprimé & gresle; *le Stil* est relevé, & *le Stigma* [*e*] est une ligne velue qui s'étend sur la partie supérieure du Stil. Le fruit est un légume ou une silique [*g*] enflée comme une vessie: *la figure 2.* est cette vessie ouverte & les semences [*b*] qu'elle contient ont la forme d'un rein.

VERTUS.

Le Bagnaudier ou la Colutée, n'est guéres d'usage dans la Médecine à cause du Séné qu'on lui préfere; mais ses feuilles au défaut de celles du Séné, mises à double dose, ont le même effet. En Provence les Paysans les mettent en usage. C'étoit le

Plan V la Coronille et l'Emerus
Coronilla
fig.1.
fig.2.
G Dogoty pere 177

grand purgatif de Maître *Anibal de Marseille* , qui a vécu cent-vingt-deux ans.

LA CORONILLE [*plan. V. fig. 1.*] *Coronilla*, ainsi nommée par Lobel, Tournefort, Lemery, Royen & Linneus ; que Matthiole & C. Bauhin nomment *Poligala*, & Clusius *Polygala Valentina* ; est un arbrisseau qui croît en Espagne. On y
joint dans la même espéce l'*Emerus*, [*Plan. V. fig. 2.*] ainsi nommé par Tournefort & Lemery, que Bauhin nomme *Colutea Siliquosa s. Scorpoides major* , & Camerarius , *Colutea Scorpoides*. Ces deux sortes de Plantes, ici jointes, dont les
feuilles , les fleurs & le fruit ont tant de rapport, ne diffèrent pas beaucoup de leurs
vertus. Linneus n'en fait que la même espéce, & je suis en cela son sentiment.

La premiere est un petit arbuste que les Espagnols nomment *Coronilla del Rey* ,
qui croît dans des lieux sabloneux, principalement en Espagne. Il pousse de petites
branches ligneuses, dures ; ses feuilles sont petites , oblongues, charnues, rangées
ordinairement cinq ou sept, & jusqu'à neuf & treize sur une côte : ses *fleurs* [a] légumineuses naissent aux sommités de ses rameaux , & forment ensemble une espéce de couronne ; elles sont petites & de couleur jaune ; le *calice* [b] est monophylle & persistant , très-court & divisé en deux ; la partie inférieure qui est plus
courte est terminée par trois dents : les *petales* sont au nombre de quatre ou de cinq:
celle de la coëffe [c] est cordée, inclinée & plus longue que celles des aîles : les
petales des aîles [d] sont ovales, obtuses & rapprochées : la petale inférieure [e]
est souvent plus courte que les aîles , comprimée & affilée. Les *Etamines* [a], comme celles du Colutea, entourent au nombre de neuf le pistile ; elles sont attachées à
un même corps ; la supérieure [g] se courbe sur le pistile en houpe angulaire ; les
antheres sont petites & simples ; le *pistile* [h] est oblong, *le Stil* est en poil rude & son
Stigma petit & simple. Le *fruit* est [i] large , menu & en chapelet, formant plusieurs loges qui contiennent une seule semence. [κ]

L'EMERUS [*fig. 2.*] a la même fleur [l]. Il ne diffère de la Coronille que par la
grosseur & le fruit [m] qui est fait en vis & plus recourbé. Les semences [n] sont
presque cylindriques. Le *pistile* [o] est avec son calice & son stil.

La Coronille a une racine longue , grosse & dure, & comme nous avons dit ,
croît dans les lieux sabloneux à Gênes, en Provence, en Languedoc, en Dauphiné ,
& principalement en Espagne. Il y a une espéce de Coronille des Alpes , que Matthiole nomme *Astragalus Alpinus* , dont les feuilles sont plus fines & en plus grand
nombre sur la même tige.

L'Emerus pousse des racines qui s'étendent de toutes parts, croît dans les lieux
montagneux & sombres, au milieu des bois dans les Pays chauds. On cultive l'une
& l'autre de ces Plantes dans les jardins. Il y a une petite espéce d'Emerus dont les
branches se répandent sur terre, & dont on ne fait point de cas.

VERTUS.

Les *Fleurs de la Coronille* sont laxatives & purgatives ; mais on ne s'en sert que

dans les Lavemens , les fomentations dans les Cataplasmes , elles sont résolutives &
émoillientes. Les feuilles de l'Emerus sont également laxatives prises en décoction; mais
elles sont peu d'usage; on peut cependant s'en servir sans danger & avec fruit au défaut
des Plantes precedentes.

Le Genest (*Plan. VI. fig. 1.*) *Genista*, ainsi nommé par Matthiole , Fuchsius,
Royen, Tournefort, Linneus, que C. Bauhin nomme *Genista sive spartium purgans.*
On y joint dans la même espéce Le Genest Jonquille. (*fig. 2.*) *Spartium*, ainsi
nommé par Matthiole, Royen, Tournefort & Linneus ; que Dodar nomme *Genista,*
Lobel, *Genista spartium* ; & C. Bauhin *Genista, angulosa & scoparia.* Le Genest
Epineux. (*fig. 3.*) *Genista spartium Spinosum minus.* C. Bauhin. pin. 394. Ce
sont trois arbrisseaux qui ont des fleurs jaunes & légumineuses , & dont le premier
porte des siliques longues,& le Spartium d'autres siliques plus courtes & presque rondes comme celles du Pois chiche.

Le Genest , (*fig. 1.*) Cet arbrisseau croît à la hauteur de six ou sept pieds, pous-
sant des branches semblables à celles du jonc , rondes & vertes; *ses feuilles* sont
oblongues , pointues, naissant seules & alternes le long des branches. Ses sommités sont chargées de fleurs (*a*) légumineuses , jaunes, agréables à la vue, d'un goût
doux : le *calice* (*b*) , monophylle, tubuleux , quelquefois à deux lévres dont la
supérieure est à bec de liévre, & l'inférieure à trois dents presque égales ; la *Corolle*
est papillonée; la petale supérieure, ou *coëffe*, est ronde avec une pointe sur le haut
& renversée; les aîles (*c*) sont longues , recourbées & amples; la *carine* (*d*)est droite
& moins longue que la coëffe ; les *Etamines* sont au nombre de dix; elles sont
entassées & suivent les bords de la carine en se recourbant; les antheres sont simples &
en travers du fil: le *Pistile* est oblong, *le Stil* (*f*) simple & recourbé, & *le Stigma* pe-
tir, affilé & presque caché. Le *fruit* (*g*) est une silique qui renferme des semences
qui ont la figure d'un petit haricot rougeâtre & luisantes, plus petites que des lentil-
les, d'un goût de légume (*h*) & le fruit ouvert.

Le Genest jonquille ou *Spartium Hispanicum Flore luteo* (fig. 2.) est un autre
petit arbrisseau d'environ deux ou trois pieds, la tige a environ un pouce, couverte
d'une écorce rude & canelée, se divisant en plusieurs rameaux verds assez longs, qui
jettent des petites verges semblables à celles du jonc , gresles, fléxibles & garnies
dans leur commencement de quelques petites feuilles oblongues ; mais qui passent
aisément, & tombent quand les fleurs commencent à paroître. Ces *Fleurs* sont
légumineuses comme les précédentes, mais plus petites & d'une odeur jonquille ,
attachées à des pédicules qui sortent à côté des petites verges. Leur *calice* (*i*) est
monophylle, cordé & tubuleux , petit , coloré; sa partie supérieure dentelée de cinq
déticules courtes. La *Corolle* (*κ*) est composée de cinq petales: la *coëffe* est ovale &
cordée, étendue & fort grande; les *aîles* sont courtes, oblongues , & attachées aux
étamines. La *carine* est de deux petales, oblongues , velues sur leurs marges & attachées aux étamines. Les *étamines* sont au nombre de dix, inclinées, inégales & en
tuyaux d'orgues ; la supérieure courte. Les *antheres* longues, le germen ou *Pistile*

Plan.VI. le   Genest et le   Spartium   Genista
fig.1
fig.2
fig.3
c
c
d
b
e
g
h
m
G. Dagoty

oblong, velu. Le Stil en alêne qui s'éleve ; *le Stigma* posé au-dessus, est oblong, velu &
courbé. Le *fruit* est en capsule fort courte, oblongue ou presque ronde, cartilagi-
neuse, ressemblant à un gros haricot, de couleur jaune rougeâtre, qui contient une
semence (*m*) de la figure d'un rein, dure & noire.

Le *Geneft blanc* ou *Spartium Flore candido*, est un autre Spartium beaucoup
plus grand que le précédent, & cet arbrisseau ici s'éleve quelquefois de la hauteur
d'un homme, mais ses verges sont plus tendres & plus pliantes ; il ne porte que
très-peu de feuilles : ses *Fleurs* & ses *Fruits* sont semblables aux fleurs & aux fruits
du Geneft précédent, excepté que les fleurs sont plus grandes & blanches ; mais les
fruits & les semences sont plus petits.

Les Genefts fleurissent en Mai & Juin ; ils croissent dans les champs, aux lieux
montagneux, dans les jardins ; en Espagne, en Languedoc, sur-tout en Provence,
où il y a des collines entieres qui en sont garnies.

Le Spartium ou Geneft jonquille & le Geneft blanc, croissent dans les Pays chauds,
principalement en Espagne & en Provence, dans les terres sabloneuses & stériles ;
ils fleurissent au Printems.

V E R T U S.

On confit les Fleurs de Geneft, pendant qu'elles ne sont encore qu'en boutons, dans
le vinaigre avec du sel, ou dans de l'eau-de-vie, & on les mange pour arrêter le vo-
missement : on employe en Médecine les sommités des jeunes tiges, les Fleurs & les
Semences du Geneft & du Spartium ou Geneft jonquille, en décoction, pour exciter le
vomissement. On tire par expression le suc des branches tendres, à la dose d'une
once, pour purger par haut & par bas : la Conserve des Fleurs se donne à demi-
once, & les Semences en poudre à un ou à deux gros. Dans les maladies du foie & de
la rate, dans les Rhumatismes, l'Hydropisie & la Goutte, on ordonne depuis une once
jusqu'à deux, l'infusion ou le sirop des Fleurs qu'on fait bouillir légerement avec les
sommités de Menthe ou de Sarriette. La fumigation des Fleurs est utile aux hydropi-
ques pour désenfler les jambes. Ces deux espéces de Séné, sont très-apéritives & diuré-
tiques. DODONÉ recommande les cendres du Geneft infusées dans du vin blanc, pour
le soulagement des hydropiques, & ordonne l'infusion des tendrons de Geneft pour
faire passer les eaux & les urines des hydropiques. CLAUDIUS y ajoute du sel d'ab-
sinthe, & a publié ce Remede comme un grand secret pour l'hydropisie. L'extrait des
feuilles de Geneft a les mêmes vertus. La Fleur de geneft infusée dans du lait chaud,
est propre pour les dartres ; & pour les maladies de la peau, en fomentation. Dans
plusieurs endroits, on mange en salade les Fleurs de Geneft ; mais ce qui leur ôte la vertu
purgative & les rend stomachiques & appétissantes, c'est le vinaigre dont on assaisonne
la salade, sans quoi elles purgeroient tout de même. SIMON PAULI a ordonné l'in-
fusion des Fleurs pour purger : la conserve ou l'extrait des Fleurs, aussi, sont propres
pour les maladies de l'estomac.

On employe les Fleurs de Geneft dans les *Pilules Balsamiques*, que l'on fait prentre au commencement du repas : la Fleur de Geneft entre dans la décoction apéritive, hépatique, & dans le *Sirop Hydragogue de Charas.*

LINNEUS.

Genera Plantarum. Diadelphia decandria.

COLUTEA, 722.

Calix, *perianthium monophyllum, campanulatum, quinquedentatum erectum, fere æquale, perfiftens. Corolla papilionacea; vexilium, alæ & carina figura varia gaudent. Alæ appreffæ, breves, lanceolatæ. Stamen filamenta Diadelpha (fimplex & novem fidum) afcendentia. Antheræ fimplices. Piftilum germen oblongum, compreffum utrinque attenuatum, ftylus afcendens, ftigma linea barbata ab apice ftyli ad ejus medium à parte fuperiori extenfum. Pericarpium legumen maximum, latiffimum, inflatum, compreffum, futura fuperiori erecta, inferiori gibba uniloculare, ad bafim in futura fuperiore dehifcens. Semen plura reniforma.*

Obf. *Coiolla in hocce genere nihil omnino valet. Fructus veró effentiam exhibet.*

SPECIES PLANTARUM,

Diadelphia decandria, 1045. *Colutea.*

1. COLUTEA (*arborefcens) *arborea foliolis obcordatis.* Hort. cliff. 365. Hort. Upf. 228. Roy. Lugd B. 374.

Colutea *veficaria* Bauh. pin. 396,

Colutea. Dod. pempt. 784.

Colutea *Africana Sennæ foliis, flore fanguineo.* Comm. rar. 11. t. 11.

Colutea *foliolis ovatis integerrimis, caule fruticofo.* Mill. dict. t. 100.

Habitat in *Anglia, G, Narbonenfis, Italia: copiofè ad Vefuvium.* (frutic.)

Arbor *foliolis fere obovatis, floribus luteis.*

2. COLUTEA (*frutefcens) *fruticofa foliolis ovato oblongis.* Hort. cliff. 366. Hort. Upf. 228.

Cotulea *Ethyopica flore purpureo.* Breyn. cent. 70. t. 29. Mill. Ic. 99.

Habitat in *Æthiopia.* (biennis)

Frutex *incanus, foliolis tomentofis supra glabris. Floribus rubris, Vexillis carina brevioribus; Alis minutiffimis, ut fere nullis. Legumina inflata dorfalis futuræ bafi hiantia.*

3. COLUTEA (*herbacea) *herbacea foliolis linea-*

ribus. Hort. Upf. 266. Roy. Lugd-B. 374.

Colutea *Africana annua, foliolis parvis mucronatis, veficulis compreffis.* Comm. hort. 2. p. 87. t. 44.

Colutea *Africana, veficulis compreffis, flofculis atrorubentibus.* Volk. Norib. 118.

Habitat in *Æthyopia.* (ann. & bienn.)

Annuas *rarius caule perennans, glabra. Flores atrofanguinei, vexillo ftriato, longitudine alarum & carinæ. Legumina compreffa.*

Efpéce de Bagnaudier difperfé par Linneus.

SOPHORA 533.

Decandria monogynia.

Colutea *Zeylanica argentea tota.* Herm. Lugd-B. 169. t. 171. Raj. hift. 1720.

Habitat in *Zeylona.* (frutic.)

LINNEUS.

Genera Plantarum. Diadelphia Decandria.

CORONILLA, 732.

Calix *perianthium monophyllum, breviffimum, compreffum, erectum, dentibus tribus inferioribus minoribus duobus coalitis, perfiftens. Corolla papilionecea. Vexillum cordatum, undique reflexum, alis vix longius. Alæ ovatæ, furfum conniventes deorfum dehifcentes, obtufæ. Carina compreffa, acuminata, afcendens, alis fæpius brevior. Stamina filamenta Diadelpha (fimplex & novem fidum,) ad angulum fere rectum afcendentia, apicibus latiufculis. Antheræ fimplices, parvæ. Piftilum. Germen teres, oblongum. Stilus fetaceus, afcendens. Stigma parvum, obtufum. Pericarpium legumen longiffimum, tenue, inter fingula femina contractum, bivalve uniloculare. Semen plura.*

SPECIES PLANTARUM,

Diadelphia decandria, 1046. *Coronilla.*

1. CORONILLA (* emerus) *fruticofa pedunculis fubtrifloris, corollarum unguibus calyce triplo longioribus caule angulato.* Roy. Lugd-B. 387. Hort. cliff. 363. Fl. fuec. 590. 636. It. Gotl. 229.

Colutea *filiquofa f. Scorpoides major.* Bauh. p. 397.

Colutea

Cotulea *Scorpoides.* Cam. epit. 541.

Colutea *Siliquosa minor.* Bauh. pin. 397.
Habitat Genevæ, Monspellii, Salerni, Viennæ. (*frut.*)

2. CORONILLA (juncea) *fruticosa , foliis quinatis ternatisque lineari - lanceolatis subcarnofis obtufis.*

Dorichnium *luteum hifpanicum carnofius.* Barr. Ic. 133.

Cotulea *Caulegeniftæ fungofo.* Bauh. hift. 1. p. 383.

Polygala *major maffiliotica.* Bauh. pin. 349.
Habitat Maffiliæ, Monfpelii, (*frut.*)

Caules *fpartii folia parva , fubcarnofa.*

3. CORONILLA (valentina) *fruticofa , foliis fubnovenis ftipulis fuborbiculatis.*

Coronilla *fruticofa , leguminibus teretibus , pedunculis multifloris ; caule fruticofo.* Hort. Upf. 234. Roy. Lugd-B. 386. Sauv. Monf. 135 Mill. dict. t. 107.

Coronilla *leguminibus teretibus , unguibus corollæ brevibus , caule fruticofo.* Hort. cliff. 363.

Coronilla *leguminibus teretibus , unguibus corollæ brevibus , pinnis ad fummum enneaphyllis , foliolis ovatis.* Guett. Stamp. 1. p. 231.

Polygala *altera.* Bauh. pin. 349.

Polygala *valentina.* Cluf. hift. 1. p. 98.
Habitat in Hifpania , Italia (*fruti.*)

Odor *florum graveolens noctu magis. Umbellæ vexilla connivent in capitulum flavum , quæ iuftar radii cingunt fulvæ carinæ cum alis. Folia colore rutæ : foliola mucrone reflexo , unde retufa apparent. Florens ftipulas dejicit.*

4. CORONILLA (glauca) *fruticofa, foliis feptenis , ftipulis lanceolatis.* Amæn. Acad. 4. p. 285.

Coronilla *maritima, glauco folio.* Tournef. inft. 650.

Colutea *fcorpoides maritima, glauco folio.* Bauh. pin. 397. Prodr. 157.
Habitat in Gallia Narbonenfi (*fruti.*)

Flores *noctu inodori , die fuaviffimæ fragrantes.*

5. CORONILLA (coronata) *fruticofa foliis novenis obovatis : foliolis intimis caule approximatis , ftipulis oppofiti foliis bipartitis.*

Colutea *fcorpoides minor coronata,* Bauh. pin. 397.

Colutea *fcorpoides* 12. Cluf. hift. 1. p. 98.
Habitat in Europa auftrali (frut.)

Folia *obovata, diftantia , infimo petiolorum pari arcte caule approximato, ut in vicia pififormi, tamen ftipules non funt hæc foliola.*

6. CORONILLA (argentea) *fruticofa foliolis undenis fericeis extimo majore.*

Colutea *fcorpoides odorata.* Alp. Exot. 17.
Habitat in Creta.) fruti.)

7. CORONILLA (minima) *procumbens foliolis novenis lanceolatis, ftipulis oppofiti foliis emarginatis , leguminibus angulatis nodofis* Amæn Acad. 4. p. 317.

Ferrum *equinum, filiquis infummitate,* Bauh. pin. 349.

Lotus *enneaphylos.* Dalech. hift. 510.
Habitat in Gallia Auftrali Hifpan. Ital. [peren.

8. CORONILLA [Securidaca] *herbacea, leguminibus falcato-gladiatis , foliolis plurimis* Hort. cliff. 363. Hort. Upf. 234.

Securidaca *lutea major.* Bauh. pin. 398.

Hedifarum *primum.* Dod. pempt. 546.
Habitat inter Hifpaniæ Segetes [ann.]

9. CORONILLA [varia] *herbacea leguminibus erectis teretibus torofis numerofis, foliolis plurimis glabris,* Hort. cliff. 363. Hort. Upf. 235. Roy. Lugd-B. 286. Sauv. Monfp. 235.

Securidaca *dumentorum major , flore vario , filiquis articulatis.* Bauh. pin. 349.

Securidaca *altera fpecies.* Cluf. hift. 2. p. 237.
Habitat in Lufitania , Bohemia , *Dania , Gallia ,* [annuas,]

10. CORONILLA (cretica) *herbacea leguminibus quinis erectis teretibus articulatis , foliolis undenis.* Roy. Lugd-B. 327.

Coronilla *cretica herbacea flore parvo purpurafcente.* Tournef. Cor. 44.
Habitat in Creta (ann.)

Habet *multa communia cum C. varia, at differt ad ea præcipue umbellis ex quinque floribus , raro pluribus , cum illa communiter viginti gerat.*

11. CORONILLA [Scandens] *caule fcandente flaccido.* Roy. Lugd-B. 327.

Coronilla *Scandens pentaphylla.* Plum. Spec. 19. Ic. 107. f. 3.
Habitat in America calidiore.

Eſpéces de Coronille diſperſées par Linneus, *Diadelphia decandria* , 1063. Galega .

Coronilla Zeylanica ſiliquis fuſcis hirſus piloſis flore albo. Burm. Zeil. 78. t. 3.

Habitat in India.

Coronilla Zeylanica herbacea, flore purpuraſcente. Burm. Zeyl. 77. t. 32.

Habitat in Zeylona.

LINNEUS.

Genera plantarum. Diadelphia decandria.

GENISTA 691.

CALIX Perianthium Monophyllum , parvum tubulatum fere bilabiatum : labio ſuperiori bidentato, profundis diviſo : labio inferiori tridentato , fere equali. Corolla papilionacea , vexillum ovato-acutum à carina remotum totum reflexum ; alæ oblongæ , laxæ ; reliquis breviores ; carina recta , emarginata , vexillo longior. Stamen filamenta decem, connata, è carina emergentia. antheræ ſimplices. Piſtilum germen oblongum, ſtylus ſimplex, aſſurgens , ſtigma acutum, involutum. Pericarpium. Legumen ſubrotundum , turgidum , uniloculare , bivalve. Semen ſolitaria ſæpius reniformia.

SPECIES PLANTARUM.

Diadelphia Decandria 997. Geniſta.

*** Inermes**

1. GEniſta Canarienſis) foliis ternatis tomentoſis, petiolatis , ramis angulatis. Hort. cliff. 355. Mat. Med. 347. Roy. Lugd-B. 371.

Cytiſus minoribus foliis , ramulis tenellis villoſis. Bauh. pin. 390.

Cytiſus 1. Cluſ. hiſt. 1. p. 94.

Cytiſus canarienſis ſempervivens & incanus. Comm. hort. 2. p. 103. t. 52.

Cytiſus Canarienſis , flore candido & citrino. Seb. theſ. 2. p. 6. t. 4. f. 6. 7.

Cytiſus Canarienſis , microphyllos auguſtifolius,

prorſus incanus. Pluk. Alm. 128. t. 277. f. 6.

Habitat in Hiſpania , Canariis (frut.)

2. GENISTA (candidans) foliis ternatis ſubtus villoſis , pedunculis lateralibus ſubquinque floris foliatis, leguminibus hirſutis. Amæn. Acad. 4. p. 284.

Cytiſus floribus lateralibus, foliis hirſutis, caule erecto ſtriato. Sav. Monſp. 191. ſp. pl. 1. p. 740.

Cytiſus Monſpeſſulanus , medicæ folio , ſiliquis denſe congeſtis & villoſis. Tourn. inſt. 648.

Cytiſus ſylveſtris candidans. Cæſalp. plant. 113.

Habitat in Italia , Monſpelii (frut.)

3. GENISTA (linifolia) foliis ternatis ſeſſilibus linearibus ſubtus ſericeis.

Cytiſus argenteus linifolius inſularum ſtæchadum. Tourn. inſt. 648.

Habitat in Oriente, Hiſpania Cl. Alſtrœmer (frut.)

Frutex parvus : ramis nodoſis dentibus à foliorum caſu remanentibus ; Ramulis foliatis, angulatis erectis ſericeis. Folia ſeſſilia , ternata , confertiora, alterna, Foliolis linearibus, ſubæqualibus, acutis margine revolutis , ſubtus tomentoſo-ſericeis. Racemi terminales. Calyx tripartitus infima trifida. Corollæ G. tinctoriæ. Legumina viloſa.

4. GENISTA (Sagitalis) ramis ancipitibus articulatis , foliis ovato - lanceolatis. Hort. cliff. 355. Roy. Lugd-B. 371.

Geniſta herbacea ſ. Chamæ - ſpartium. Bauh. hiſt. 1. p. 393.

Chamæ-Geniſta ſagitalis. Bauh. pin. 395.

Chamæ-Geniſta ſagitalis pannonica. Cam. hort. t. 13.

Habitat in Germaniæ, Galliæ, arenoſis ſterilibus. (perenn.)

5. GENISTA (tridentata) ramis triquetris ſubarticulatis , foliis tricuſpidatis.

Geniſta fruticoſa luſitanica latifiolia. Tourn. 646.

Chamæ Geniſta caule foliato. Bauh. pin. 396.

Geniſta fruticoſa luſitanica anguſti folia. Tourn. 646.

Habitat in Luſitania. Lœſt. (fruti.)

Præcedenti valde affinis, at majora omnia & articuli ramorum in folium laterale terminati, non integris, ſed tricuſpidati. Legumina albo-lanata.

6. GENISTA (humifusa) foliis lanceolatis ciliatis, ramis-prostratis striatis pilosis.
Genista Orientalis minima humifusa, foliis subrotundis ad oras pilosis. Tourn. Cor. 44.
 Habitat in Oriente D. Gerard.
7. GENISTA (florida) foliis lanceolatis sericeis, ramis striatis teretibus, racemis secundis.
Genista tinctoria hispanica Cluf. hist. 1. p. 101.
Genista tinctoria frutescens, foliis incanis. Bauh. pin. 395.
 Habitat in Hispania (fruticantes.)
8. GENISTA (tinctoria) foliis lanceolatis glabris, ramis striatis teretibus, erectis. Hort. cliff. 355. Fl. suec. 587. Mat. Med. 347. Roy. Lugd-B. 371. Gort. Geld. 416.
Genista tinctoria germanica. Bauh. pin. 395.
Genista tinctoria vulgaris. Cluf. hist. 1. p. 101.
 Habitat in Germania, Anglia. (fruti.)
9. GENISTA (pilosa) foliis lanceolatis obtusis, caule tuberculato decumbente. Hort. cliff. 355. Fl. suec. 588. 635. Roy. Lugd-B. 371.
Genista ramosa, foliis hyperici. Bauh. pin. 395.
Chamæ-Genista foliis genistæ vulgaris. Bauh. pin. 395.
Chamæ-Genista montana hispida. Bauh. pin. 396.
Chamæ-Genista prima Cluf. hist. 1. p. 103.
 Habitat in Pannonia, & Narbonensi, Germania (fruti.)

* Spinæ laterales.

10. GENISTA (purgans) spinis terminalibus, ramis teretibus striatis, foliis lanceolatis simplicibus pubescentibus.
Genista s. Spartium purgans. Bauh. hist. 1. p. 404.
 Habitat Monspelii. (fruticantes.)
Rami teretes, dense congesti. Folia obtusiuscula, decidua. Legumina compressa.
11. GENISTA (anglica) spinis simplicibus, ramis floriferis inermibus, foliis lanceolatis. Hort. cliff. 355. Roy. Lugd-B. 371.
Genista minor asphaltoides. Bauh. pin. 395. Prodr. 157.
Genistella aculeata. Lob. Ic. 2. t. 93.
Genistella. Dod. pempt. 670.
 Habitat in Angliæ ericetis humidiusculis. (fr.)
12. GENISTA (Germanica) spinis compositis, ramis floriferis inermibus, foliis lanceolatis. Roy. Lugd-B. 371. Gort. Gelr. 417.
Genista spinosa minor germanica. Bauh. pin. 395.
Genistella spinosa. Riv. tetr. 67.
 Habitat in Germania (fruti.)
13. GENISTA (hispanica) spinis decompositis; ramis floriferis inermibus, foliis linearibus pilosis.
Genista spinosa minor hispanica villosissima. Bauh. pin. 395.
Genistella Monspeliaca spinosa. Bauh. Prodr. 157.
Genistella, montis ventosi. Spinosa. Bauh. hist. 1. p. 400.
 Habitat in Hispania; G. Narbonensi (frutic.) spinæ innocuæ.
14. GENISTA (lusitanica) caule aphyllo, spinis decussatis.
Genista spartium spinosum, minus. Bauh. pin. 394.
Scorpius secundus. Cluf. hist. 1. p. 107. Bauh. hist. 1. p. 403.
 Habitat in Lusitania Hispania (fruti.)
* Espéces de Geneft difperfées par Linneus dans fon Species

 * Decandria Monoginia, 534. Sophora.
Genista arborescens Africana styracis folio. Herm. Lugd-B. 270. t. 271. Seb. muf. 2. t. 99. f. 3.
 Habitat in Æthiopia (fruticantes.)
 ** Diadelphia decandria 994. borbonia.
Genista Africana, ericæ folio, floribus parvis luteis capitula conjectis. Raj. Suppl. 105.
Genista Africana frutescens, rufci nervofis foliis. Tourn. inft. 644.
Genista Africana frutescens rufci foliis nervofis; flore luteo. Seb. thef. 1. p. 38. t. 24. f. 3.
Genista Africana tomentofa folio cochleari-formi flore luteo. Seb. 1. thef. 1. p. 38. t. 24. f. 1.
Genista Africana arborescens folio argentea lanugine vestito. Seb. thef. 1. p. 38. t. 24. f. 2.
 *** Diadelphia decandria 1000. Aspalatus.
Genista astroites, juniperinis pungentibus foliis; Æthiopica, floribus faturate luteis. Pluk. Mant. 88. t. 4. 13. f. 3. Raj. dendr. 104. Seb.

Muf. 1. t. 24. f. 8.

Habitat in Æthiopia (fruticantes.)

Genista Africana lutea floribus hirfutis in capitula lanuginofa conglobatis, foliis corrudæ aculeatis fubhirfutis. Herm. afr. 11.

Habitat in Æthiopia (fruticantes.)

Genista minima Æthiopica foliis thymiconfertis fplendentibus glabris. Pluk. Mant. 88. t. 413. f. 1.

Habitat in Æthiopia (fruticantes.)

Genista Æthiopica, non fpinofa, foliis ericæ villofis, floribus parvis fpicatis luteis: calycibus longioribus immerfis. Pluk. Mant. 88. t. 413. f. 6.

Habitat in Æthiopia (fruticantes.)

Genista Æthiopica glabra longioribus foliis ex uno puncto plurimis, floribus majore luteo. Pluk. Mant. 88. t. 414. f. 7.

Habitat in Æthiopia (fruticantes.)

enista Æthiopica, flore flavo, foliolis inflexis & araneofa lanugine fimbriatis: fummo ramulo circa flores glomeratis. Pluk. Mant. 88. t. 414 f. 4. Seb. Thef. p. 38. t. 23. f. 6.

Habitat in Æthiopia (fruti.)

Genista foliis quinatis feffilibus, pedunculis axilaribus, capillaribus uniftoris, floribus minimis. Fl. Zey. 171.

Habitat in India, (peren.)

Genista arborea cretica, foliis fempervirentibus. Zan. hift. 95. t. 39.

Habitat in Æthiopia (fruti.)

**** Diadelphia decandria 1003. Crotalaria.

Genista perfoliata, orbiculatis foliis. Seb. thef. 1. t. 24. f. 5.

Habitat in Æthiopia (fruti.)

***** Diadelphia decandria 1014. Anthyllis.

Genista spartium spinofum, foliis lenticulæ floribus ceruleo purpurascentibus. Bauh. pin. 394.

Habitat in Hifpania (fruti.)

* Diadelphia decandria 1051. Hedyfarum.

Genista spartium spinofum, foliis polygoni. Bauh. pin. 394.

Genista spinofa flore rubro. Wheel. It. itin.

Habitat in Tartaria, Perfia, Syria, Mefopotamia. (fruticantes.)

*** Diadelphia decandria 1074. Pforalea.

Genista affinis arbor Africana monofpermos flore cæruleo folii pinnatis. Herm. Lugd-B. 272.

Habitat in Æthiopia (fruti.)

Genista spartium Africanum trifolium floribus cæruleis foliis minimus in fpinulam definentibus. Raj. dendr. 104.

Habitat in Æthiopia (fruticantes.)

Genista spartium cæruleum Cap. B. Spei. Breyn. cent. 1. 25.

Habitat Cap. B. Spei (fruticantes.)

LINNEUS.

Genera plantarum Diadelphia Decandria.

SPARTIUM 690.

CAlix perianthium, monophyllum cordato tubulatum fummo margine breviffimum, verfus apicem quinque denticulis notatum, coloratum parvum, fub floris latere inferiori extenfum. Corolla papilionacea, penta-petala. Vexillum ovato-cordatum, totum reflexum, maximum. Alæ ovatæ, oblongæ, vexillo breviores, filamentis annexæ. Carina dipetala, oblongæ, alis longior, margine carinali villis connivente, filamentis inferta. Stamen filamenta decem, conata, inæqualia, fenfim longiora, fuperius breviffimum: inferius novenfidum. Antheræ oblongiufculæ. Piftilum germen oblongum, hirfutum; ftylus fubulatus, affurgens; ftigma adnatum, oblongum, villofum, inflexum. Pericarpium legumen cylindraceum, longum, obtufum uniloculare bivalve. Semen plura, globofo reniformia.

SPECIES PLANTARUM.

Diadelphya decandria 995. Spartium.

* Foliis fimplicibus.

1. SPARTIUM (fepiarium) ramis fcabris, foliis fuperioribus filiformibus. Amæn. Acad. 6. Afr. 27.

Genista Africana, pinaftri foliis, floribus fpicatis luteis. Raj. dendr. 105.

Genista foliis geniftæ hifpanicæ fuperioribus, junceis. Herm. Afric. 14.

Habitat ad Cap. B. Spei (fruti.)

2. SPARTIUM (junceum) ramis opositis tere-tibus apice floriferis foliis lanceolatis. Hort. cliff. 356. Hort. Upf. 208. Roy. Lugd-B. 370. Sauv. Monsp. 60. Gron. orient. 211.

Spartium arborescens seminibus lenti similibus. Bauh. pin. 396.

Spartium macrolabium. Renealm. Spec. 34, t. 33.

Genista juncea. Bauh. hist. 1. p. 395.

Habitat in G. Narbonensis, Italia, Sicilia, Turcia (fruti.)

3. SPARTIUM (capense) ramis lateralibus alternis, foliis alternis lanceolatis. Am æa. Acad. 6. Afr. 28.

Genista foliis genistæ tinctoriæ majoribus. Herm. Afr. 11.

Habitat ad Cap. B. Spei (fruti.)

4. SPARTIUM (monospernum) ramis angulatis racemis lateralibus, foliis lanceolatis. Hort. cliff. 356. Roy. Lugd-B. 370. Sauv. Monsp. 60. Obs. it. 37.

Spartium alterum monospermum, semine renisimili. Bauh. pin. 396.

Spartium hyposphærolobium. Ren. Spec. 35. t. 33.

Spartium tertium flore albo. Bauh. pin. 396.

Spartium 3. Hispanicum. Cluf. hist. 1. p. 103.

Habitat in Hispaniæ sterilioribus (fruti.)

5. SPARTIUM (scorpius) ramis spinosis-patentibus foliis ovatis.

Genista spartium spinosum majus, flore lutea. Bauh. pin. 394.

Aspalathus secunda Monspeliensis. Bauh. hist. 1. p. 400.

Genista spartium spinosum majus secundum, flore pallido. Bauh. pin. 394.

Genista spartium spinosum majus tertium hirsutum. Bauh. pin. 394.

Aspalathus alter 111. Cluf. hist. 1. p. 106.

Habitat in Hispania. G. Narbonensis (frutic.)

Frutex totus ex spinis alternis quibus florens insident.

** Foliis ternatis.

6. Spartium (angulatum) foliis solitariis ternatisque ramis sexangularibus apice floriferis.

Spartium Orientale, siliqua compressa glabra & annulata. Tourn. 44.

Habitat in Oriente (frutic.)

Anguli tres decurrunt per ramos à singulo folio.

7. SPARTIUM (complicatum) foliis ternatis : foliolis conduplicatis, caulibus inermibus prostratis glabris, legyminibus scabris.

Cytisus ramis humifusis albidis, floribus capitatis terminalibus, foliolis ovalibus glabris aggestis. Sauv. Monsp. 190.

Cytisus foliis incanis augustis quasi complicatis. Bauh. pin. 390. Guett. Stamp. 2. p. 417.

Cytisus montis calcaris. Bauh. hist. 1. p. 370.

Cytisus 11. Cluf. hist. 1. p. 94.

Habitat in Hispania, Gallia Australiore (fruti.)

Foliola lanceolata, nunquam explicata. Stamina alterna antheris magnis; alterna parvis.

8. SPARTIUM (scoparium) foliis ternatis solitariisque, ramis inermibus angulatis. Hort. cliff. 356. Fl. Suec. 589. 633. Roy. Lugd-B. 370. Gort. gelr. 415.

Genista angulosa scoporia. Bauh. pin. 395.

Genista. Dod. pimp. 761.

Habitat Europæ australioris arenosis (frutic.)

9. Spartium (radiatum) foliis ternatis linearibus sessilibus, petiolis persistentibus ramis oppositis angulatis.

Spartium æquicolorum minimum montanum triphyllum. Col. ecphr. 1. p. 295. t. 294.

Genista radiata f. Stellaris. Bauh. hist. 1. p. 369.

Habitat in Italia (fruti.)

Caules humilis : Ramis oppositis, tetraginis. Folia opposita, ternata, subsessilia : Foliolis sessilibus, linearibus, tenuibus, subpubescentibus. Petioli omnium brevissimi, persistentes, trigoni, gibbi, obtusissimi, ramulo fulciendo crassiores. Flores terminales, terni, sessiles, Bractea acuta, decidua suffuli.

10. SPARTIUM (spinosum) foliis ternatis, ramis angulatis spinosis. Hort. cliff. 356. Hort. Upf. 208. Roy. Lugd-B. 370. Sauv. Monsp. 191. Gron. Orient. 212.

Acacia trifolia. Bauh. pin. 392.

Aspalathus. Secunda trifolia. Bauh. hist. 1. p. 375.

Habitat in Europæ Australis asperis maritimis. (fruti.)

* Espèces de Spartium dispersés par Linnæus dans son Species.

Diadelphia decandria, 989. Poligala

Spartium Africanum frutescens ; ericæ folio. Comm. hort. 2. p. 195. t. 97. Seb. Mus. 2. t. 62. f. 8.

Habitat in Æthiopia (fruti.)

** *Diadelphia octandria , 991. Securidaca.* Spartium scandens, fructu cristato & alato , flore rubro. Plum. Spec. Ic. 247. f. 1.

Habitat in America Meridionali (fruti.

*** *Diadelphia decandria* 1001. *Aspalathus.* Spartium , portulacæ foliis , aculeatum , ebeni materiæ. plum. Spec. 19. Ic. 246. f. 1.

Habitat in America Meridionali. (fruti.)

**** *Diadelphia decandria* 1013. *Anthyllis.*

Spartium *latifolium parvo flore.* Barr. Ic. 1182.

Habitat in Hispania , (fruti.)

Spartium *spinosum* Alp. exot. 27. t. 26.

Habitat in Græcia , Creta , palæstina (fruti.)

***** *Diadelphia decandria* 1052, *Hedysarum.*

Spartium scandens , citri foliis, floribus albis ad nodos confertim nascentibus. Plum. Spec. 19. Ic. 246. f. 2.

Habitat in America Meridionali , (fruti.)

****** *Diadelphia decandria* 1074. *Psorallea.*

Spartium *Africanum.* Riv. tetr. 5.

Habitat in Æthiopia , (fruti.)

HELLEBORU S ET VERATRUM
NIGRU M.

L'Ellebore noir , l'Ellebore vert , & l'Ellebore jaune.

L'ELLEBORE NOIR (*Planche VII. fig.* 1.) *Helleborus niger* , ainsi nommé par Fuchsius, Matthiole , Tournefort & Linneus, que C. Bauhin nomme *Helleborus niger flore roseo* , est une Plante vivace que l'on cultive dans les jardins par rapport à ses fleurs , & qui croît dans les lieux incultes & montagneux , vers les Alpes , & aux Monts-Apennins , en Italie ; il fleurit sur la fin de l'Automne & en Février.

Les tiges des feuilles & des fleurs de l'Ellebore noir sont rondes, fistuleuses & tachetées de rouge ; elles sortent de la racine ; elles sont pleines & tendres : *la feuille* est découpée en plusieurs feuillets , & divisée , premierement, en trois feuilles en forme de patte à moitié fermée. Les deux premieres divisions sont à quatre feuillers chacune ; quelquefois l'une des deux a cinq feuillets , & les divisions postérieures alors ne portent qu'un feuillet. Les feuillers sont de forme ordinaire , inégalement dentelés à dents de scie , & traversés d'une grosse côte. *La Fleur* a son *Calice* (*a*) fait en cuillere ; il abandonne la fleur qui s'éleve au-dessus , & se partage lui-même, dont les portions (*a b*) s'élevent avec la tige à différente distance alternative, & la partie (*c*) qui est la plus élevée, reste attachée à la fleur. La *Corolle* est composée de cinq pétales qui se confondent dans leur origine , & sont d'une

Pl. ... Hellebore noir
Helleborus
fig. 1.
G. Legot

extrême adhérence avec la bafe du piftile & le bout de la tige. Ces pétales né 'font point égales ; les trois fupérieures font plus grandes que celles de deffous. Les *Nectaires* (*d*) font féparés des pétales , faits en cornets & au nombre de dix ou douze , ou plus ou moins, rangés de deux en deux, fans avoir rien de commun avec l'ordre des pétales ; ils font implantés par leur pointe , en pédicules, au placenta ou receptacle , qui foutient les neſtaires , & en même-tems les *Etamines* en grand nombre , ce qui forme enfemble un turban ou couronne , au milieu de laquelle eft le *Piſtile* (*e*) ou *Uterus* , foutenu par le même réceptacle : il porte plufieurs *Stils* faits en alêne pointue , colorés, un peu courbés, terminés par une pointe rouffe qui forme le *ſtigma*. Le *fruit* (*f*) eft en capfule ou filique difforme , terminée de chaque côté par deux côtes , fur l'une defquelles font attachées les *femences* (*g.*)

La racine de cet Ellebore eft tubéreufe , branchue , noire ou de couleur brune, & d'un jaune fale en dedans ; les branches font blanches.

L'Ellebore vert (*fig.* 2. *Plan. VIII* ,) *Helleborus niger vulgaris flore viridi* , ainfi nommé par C. Bauhin, & *Helleborus viridi* par Linneus , que Dodoneus nomme *Veratrum nigrum* ; eft une Plante vivace , femblable à celle que nous venons de décrire , qui croît dans les montagnes du Dauphiné & dans les Cévennes ; il fleurit en Février ; mais cette forte d'Ellébore diffère cependant de l'Ellébore noir, par la forme extérieure des fleurs ; les *calices* (*a*) font comme des feuilles, les *pétales* font vertes & refferrées ; (*b*) eft le *piſtile* détaché & les *neſtaires* ; la *feuille* eft plus petite , & les *tiges* font toutes vertes fans être tachetées. La racine qui eft auffi noire , a de gros fibres allongés & de la même couleur.

L'Ellébore jaune (*Plan. id. fig.* 2.) *Helleborus niger* , *ranunculi folio* , *flore luteo* , ainfi nommé par Tournefort & par Linneus , *Hellebore flore folio inſidente* eft un autre Ellébore noir à fleur jaune , comme on voit ici ; on les nomme Ellebore *noirs* par rapport à leur racine. Celui-ci fleurit auffi en Février & en Mars : il croît en Allemagne , dans la Lombardie & proche des Apennins : il porte fa *Fleur* fur la feuille : la *Feuille* eft compofée de trois divifions comme la précédente , elle eft pofée fur le bout de la tige ; chaque divifion de la feuille eft refendue en trois feuillers qui font unis ou découpés fur leurs extrémités, tous enfemble, quelquefois un feul dans le milieu, ou deux des côtés. La *Tige* eft ronde & creufe, toute verte & unie.

La racine eft brune ou noire auffi , comme les premiers ; mais au lieu de branches ou de gros fibres , elle n'a que des filets bruns.

Le *Veratrum* , ou *Ellebore blanc* , ainfi nommé par Tournefort , & *veratrum* par Dodoneus, que Lemery nomme *Helleboraſtrum* ou *Pied de Grifon* , & C. Bauhin & Linneus appellent *Helleborus fœtidus* , eft une autre efpéce d'Ellebore qui diffère des précédens par la couleur de fa racine qui eft blanche, & fes tiges qui font hautes & plus garnies de fleurs & de feuilles ; les feuilles font plus étroites que celles des autres Ellébores , & les fleurs font verdâtres & de mauvaife odeur ; il fleurit auffi en Février , & croît en Allemagne , en Suiffe & en France. Celui-ci ne fert que pour faire des *fetons* ou *mêche de cautères.*

VERTUS.

Les racines de l'Ellébore purgent par haut & par bas ; elles détachent les humeurs mélancoliques, bilieuses & brûlées : on s'en fert pour la mélancolie hypocondriaque, pour la manie, pour la folie, pour la fièvre-quarte : la dose est depuis demi-scrupule jusqu'à un scrupule, réduite en poudre subtile ; on en fait prendre aussi en infusion & en extrait. L'usage de l'Ellébore en substance, ou en infusion, est très-délicat ; il porte à la tête, cause quelquefois des convulsions & des irritations de nerfs : les racines de l'Ellébore, dit Chomel, se donnent depuis quinze grains jusqu'à un scrupule, & en décoction depuis une dragme jusqu'à deux : son extrait préparé avec l'eau de pluie & la crème de tartre, ou avec l'esprit-de-vin, est moins dangereux dans son opération. Le syrop de coing est le contre-poison de l'Ellébore : mais extérieurement, cette racine est plus utile ; sa décoction faite dans la lessive nettoye la vermine des enfans. On leur en lave la tête, après l'avoir mise en poudre & mélée avec le sain-doux en maniere d'onguent ; elle est utile pour la gale & les dartres & les maladies de la peau. Dans les maladies des vaches, on fait un trou à la peau, & on y enferme un morceau de racine d'Ellébore.

La racine d'Ellébore entre dans *l'Extrait Catholique* de Sennert, dans *l'Extrait Panchimagogue* de Crolius & d'Arthman, dans *l'Extrait Catholique & Colagogue* de Rolfinsius, dans les *Pilules Tartaries* de Quercetan, & dans *l'Electuaire de Séné.*

M. Tournefort donne la description d'un Ellébore noir, qu'il nomme *Helleborus Orientalis amplissimo folio, caule præalto, flore purpurascente,* qu'il croit être l'Ellébore des Anciens, qui avoit beaucoup plus de vertu que le nôtre.

LINNEUS

Genera plantarum, Polyandria, polyginia;

HELLEBORUS 556.

C Alix nullus, nisi corollam in quibusdam per-sistentem habeas. Corolla *petala quinque, ve-plura, subrotunda obtusa magna. Neclaria to-tidem, brevissima in orbem posita, singula monophylla, tubulata, ore ringinte, intror-sum aperto, infernè angustiora.* Stamina, *fila-menta numerosa, subulata. Antheræ compres-sæ, infernè augustiores erectæ.* Pistillum, *Germina corniculata, id Stylos subulatos desi-nentia, Stigmata crassiuscula.* Pericarpium, *capsulæ compressæ bicarinatæ, carinâ inferiore breviore, superiore convexâ, dehiscente.* Se-mina, *plura rotunda, suturæ affixa.*

Obs. Essentia consistit in nectariis, numerus & figura inconstans est. * TROLLIUS Riv. HELLE-BORO RANUNCULUS Boerh. Petala plura conni-ventia, alterna, exteriora breviora. Pistilla numerosissima, Stylli brevissimi, Nectaria uni-labiata, labio integro * ACONITUM. Riv. HELLEBOROIDES, Boerh. Petala sex decidua Flos Folio insidens. * HELLEBORASTER Co-rolla pentapetala, persistens, deflorescens: Pistilla tria ad quinque, Stylli staminibus lon-giores, &c.

SPECIES PLANTARUM.

Polyandria polyginia 783. Helleborus.

1. HELLEBORUS (hyemalis) flore folio insi-dente. Hort. cliff. 227. Hort. Upf. 158. Roy. Lugd-B. 434.

La suite se trouvera dans le Cahier suivant.

Plan VIII
l'Ellebore vert.
Veratrum nigrum
fig. 2
a
J. Dagoty pinx. 1776.